KB240493

해법 기초계산 A5

1 4주 완성의 계획적인 수학 학습!

2 시간 내 푸는 연습을 통한 실전 감각 향상!

3 다양한 구성의 문제로 사고력 향상!

계산력이 왜 중요한가?

선생님! 계산력이 왜 중요한가요?

수학 만점으로 가는 길은 계산력에서 시작한단다. 왜 중요한지 수학의 아버지 피타고라스 선생님에게 물어볼까?

계산력은 수학의 뿌리!
계산력 없이 수학은 생각할 수 없지.
수학은 계통성의 학문이라고 해.
역연산으로 인해 덧셈이 뺄셈의 기초가 되고,
곱셈이 확립되어야
나눗셈이 가능해지기 때문이지.
따라서 수학의 근간인 기초 계산력을
완벽하게 다져 주는 것이야말로
수학 만점으로 가는 첫걸음이지.

구 성 과 특 징

만화를 통한 원리 깨치기

만화를 통한 계산 원리와 개념을
이해할 수 있습니다.

집중 연습으로 계산력 다지기

집중 연습 문제로 기초 계산력을
완벽하게 다질 수 있습니다.

퍼즐형 문제로 정확성 기르기

흥미로운 퍼즐형 문제로 이루어져
집중력과 정확성까지 기를 수 있습니다.

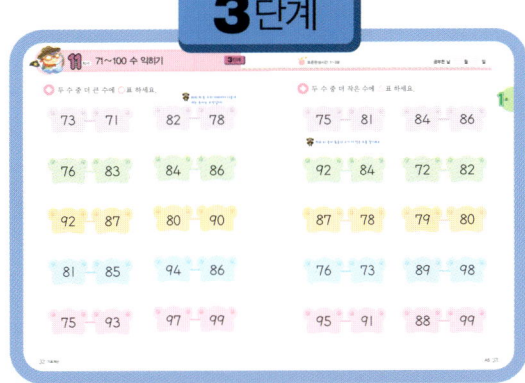

다양한 문제로 사고력 키우기

다양한 문제를 통해 수학적 사고력과
문제 해결력을 높일 수 있습니다.

내용 구성표

권	주	A단계 (5~7세)	B단계 (5~7세)	C단계 (5~7세)
1 권	1	일대일 대응, 많다 · 적다	더하기 3 : (1~7)+3	빼기 5 : (1~20)−5
	2	1~5 수 익히기	더하기 3 : (1~17)+3	빼기 6 : (1~20)−6
	3	1~5 수 익히기	더하기 3 : (1~27)+3	빼기 4, 5, 6의 종합
	4	0, 6~10 수 익히기	더하기 1, 2, 3의 종합	더하기 · 빼기의 종합 ①
2 권	1	0, 6~10 수 익히기	빼기 1 : (1~10)−1	더하기 · 빼기의 종합 ②
	2	1~10 종합	빼기 1 : (1~20)−1	더하기 7 : (1~9)+7
	3	수 가르기와 수 모으기(1, 2, 3, 4, 5)	빼기 2 : (1~10)−2	더하기 7 : (1~19)+7
	4	수 가르기와 수 모으기(6, 7, 8, 9, 10)	빼기 2 : (1~20)−2	더하기 7 : (1~23)+7
3 권	1	11~20 수 익히기	빼기 3 : (1~10)−3	더하기 8 : (1~9)+8
	2	11~20 수 익히기	빼기 3 : (1~20)−3	더하기 8 : (1~22)+8
	3	1~20 종합	빼기 1, 2, 3의 종합	더하기 9 : (1~9)+9
	4	21~30 수 익히기	더하기 · 빼기의 관계 ①	더하기 9 : (1~21)+9
4 권	1	31~40 수 익히기	더하기 · 빼기의 관계 ②	더하기 10 : (1~20)+10
	2	41~50 수 익히기	더하기 4 : (1~6)+4	더하기 7, 8, 9, 10의 종합
	3	1~50 종합	더하기 4 : (1~16)+4	더하기 1~10의 종합
	4	51~70 수 익히기	더하기 4 : (1~26)+4	빼기 7 : (1~20)−7
5 권	1	71~100 수 익히기	더하기 5 : (1~9)+5	빼기 8 : (1~20)−8
	2	1~100 종합	더하기 5 : (1~15)+5	빼기 9 : (1~20)−9
	3	더하기 1 : (1~9)+1	더하기 5 : (1~25)+5	빼기 10 : (1~20)−10
	4	더하기 1 : (1~19)+1	더하기 6 : (1~9)+6	빼기 7, 8, 9, 10의 종합
6 권	1	더하기 1 : (1~29)+1	더하기 6 : (1~14)+6	빼기 1~10의 종합
	2	더하기 2 : (1~8)+2	더하기 6 : (1~24)+6	더하기 · 빼기의 종합 ③
	3	더하기 2 : (1~18)+2	더하기 4, 5, 6의 종합	더하기 · 빼기의 종합 ④
	4	더하기 2 : (1~28)+2	빼기 4 : (1~20)−4	재미있는 더하기 · 빼기의 규칙

권	주	D단계 (초1)	E단계 (초2)	F단계 (초3)	G단계 (초4)
1권	1	더하기 1, 2, 3	받아올림이 있는 (두 자리 수)+(한 자리 수)	(세 자리 수)+(세 자리 수) ①	100, 1000, 10000, 몇백, 몇천 곱하기
	2	합이 5까지인 덧셈	받아내림이 있는 (두 자리 수)-(한 자리 수)	(세 자리 수)+(세 자리 수) ②	(세 자리 수)×(두 자리 수)
	3	합이 9까지인 덧셈	세 수의 덧셈	(세 자리 수)-(세 자리 수) ①	(네 자리 수)×(두 자리 수)
	4	받아올림이 없는 (한 자리 수)+(한 자리 수)	세 수의 뺄셈	(세 자리 수)-(세 자리 수) ②	(세 자리 수)×(세 자리 수)
2권	1	빼기 1, 2, 3	일의 자리에서 받아올림이 있는 (두 자리 수)+(두 자리 수)	2, 3, 4, 5의 단 곱셈구구를 이용한 나눗셈	(세 자리 수)÷(한 자리 수)
	2	5까지의 뺄셈	십의 자리에서 받아올림이 있는 (두 자리 수)+(두 자리 수)	6, 7, 8, 9의 단 곱셈구구를 이용한 나눗셈	(두·세 자리 수)÷(몇십)
	3	9까지의 뺄셈	일, 십의 자리에서 받아올림이 있는 (두 자리 수)+(두 자리 수)	곱셈구구를 이용한 나눗셈 ①	(두·세 자리 수)÷(두 자리 수)
	4	(한 자리 수)-(한 자리 수)	받아올림이 있는 (두 자리 수)+(두 자리 수)	곱셈구구를 이용한 나눗셈 ②	(세·네 자리 수)÷(두 자리 수)
3권	1	10이 되는 더하기	받아내림이 있는 (두 자리 수)-(두 자리 수) ①	(두 자리 수)×(한 자리 수) ①	덧셈과 뺄셈의 혼합 계산
	2	10에서 빼기	받아내림이 있는 (두 자리 수)-(두 자리 수) ②	(두 자리 수)×(한 자리 수) ②	곱셈과 나눗셈의 혼합 계산
	3	세 수의 계산 ①	세 수의 계산 ①	(두 자리 수)×(한 자리 수) ③	혼합 계산 1
	4	세 수의 계산 ②	세 수의 계산 ②	(두 자리 수)×(한 자리 수) ④	혼합 계산 2
4권	1	받아올림이 없는 (두 자리 수)+(한 자리 수)	2, 3, 4, 5의 단 곱셈구구	(네 자리 수)+(세 자리 수)	분수의 이해 1
	2	받아올림이 없는 (두 자리 수)+(두 자리 수)	6, 7, 8, 9의 단 곱셈구구	(네 자리 수)+(네 자리 수)	분수의 이해 2
	3	받아내림이 없는 (두 자리 수)-(한 자리 수)	곱셈구구 ①	(네 자리 수)-(세 자리 수)	분수의 이해 3
	4	받아내림이 없는 (두 자리 수)-(두 자리 수)	곱셈구구 ②	(네 자리 수)-(네 자리 수)	분수의 덧셈
5권	1	두 수의 합이 10이 되는 세 수의 덧셈	받아올림이 없는 (세 자리 수)+(세 자리 수)	(세 자리 수)×(한 자리 수)	분수의 덧셈
	2	(한 자리 수)+(한 자리 수) ①	일의 자리에서 받아올림이 있는 (세 자리 수)+(세 자리 수)	(한 자리 수)×(두 자리 수)	분수의 뺄셈 1
	3	(한 자리 수)+(한 자리 수) ②	십의 자리에서 받아올림이 있는 (세 자리 수)+(세 자리 수)	(두 자리 수)×(두 자리 수) ①	분수의 뺄셈 2
	4	(한 자리 수)+(한 자리 수)의 종합	일, 십의 자리에서 받아올림이 있는 (세 자리 수)+(세 자리 수)	(두 자리 수)×(두 자리 수) ②	세 분수의 덧셈과 뺄셈
6권	1	(십 몇)-(한 자리 수) ①	받아내림이 없는 (세 자리 수)-(세 자리 수)	(두 자리 수)÷(한 자리 수) ①	소수 한 자리 수의 덧셈
	2	(십 몇)-(한 자리 수) ②	십의 자리에서 받아내림이 있는 (세 자리 수)-(세 자리 수)	(두 자리 수)÷(한 자리 수) ②	소수 두·세 자리 수의 덧셈
	3	세 수의 덧셈	백의 자리에서 받아내림이 있는 (세 자리 수)-(세 자리 수)	(두 자리 수)÷(한 자리 수) ③	소수 한 자리 수의 뺄셈
	4	세 수의 뺄셈	십, 백의 자리에서 받아내림이 있는 (세 자리 수)-(세 자리 수)	(두 자리 수)÷(한 자리 수) ④	소수 두·세 자리 수의 뺄셈

Q&A 활용 가이드

Q

아이 수준을 몰라서
어느 단계의 교재를
선택하면 될지 모르겠어요.

A

한 페이지에서
틀린 문제가 6문제 이상이면
이전 단계의
교재부터 시작하세요.

계산 실수를 자주 해요.

정해진 시간 안에 푸는
연습으로 실전 감각을
키우세요.

시험 시간이 부족해요.

매일매일 공부하는
습관으로
정확성을 키우세요.

공부 계획을
스스로 세우기 힘들어요.

스케줄표를 이용해
계획을 세워
2주, 4주 완성에 도전하세요.

4주 완성 스케줄표

활용 방법 매일 2장(2차시)씩 풀면 24일 만에 완성할 수 있습니다.

1주	1일	2일	3일	4일	5일	6일
확인	12~15쪽	16~19쪽	20~23쪽	24~27쪽	28~31쪽	32~35쪽

2주	7일	8일	9일	10일	11일	12일
확인	40~43쪽	44~47쪽	48~51쪽	52~55쪽	56~59쪽	60~63쪽

3주	13일	14일	15일	16일	17일	18일
확인	68~71쪽	72~75쪽	76~79쪽	80~83쪽	84~87쪽	88~91쪽

4주	19일	20일	21일	22일	23일	24일
확인	96~99쪽	100~103쪽	104~107쪽	108~111쪽	112~115쪽	116~119쪽

※ 매일 4장(4차시)씩 풀면 12일 만에 완성할 수 있습니다.

1주 71~100 수 익히기

학습 체크표 매일 학습이 끝나면 채점을 하고 체크표를 작성하여 나의 실력을 알아보세요.

차시	단계	공부한 날	잘 했나요?
1차시		월 일	😊 🙂 😑 😣
2차시		월 일	😊 🙂 😑 😣
3차시		월 일	😊 🙂 😑 😣
4차시		월 일	😊 🙂 😑 😣
5차시	1단계	월 일	😊 🙂 😑 😣
6차시		월 일	😊 🙂 😑 😣
7차시		월 일	😊 🙂 😑 😣
8차시		월 일	😊 🙂 😑 😣
9차시	2단계	월 일	😊 🙂 😑 😣
10차시		월 일	😊 🙂 😑 😣
11차시	3단계	월 일	😊 🙂 😑 😣
12차시		월 일	😊 🙂 😑 😣

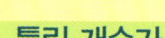 **틀린 개수가**

0~1개이면 😊(아주 잘함)에, 2~3개이면 🙂(잘함)에,

4~5개이면 😑(보통)에, 6개 이상이면 😣(노력 바람)에 색칠해 주세요.

만화로 개념 알아보기

묶음과 낱개의 개념을 통해 71~100의 수·양 개념과 계열성을 알고, 대소 비교를 할 수 있습니다.

1주

아~
오늘은 내 생일!!

이웃나라
왕자님들은 내게
어떤 선물을
주실까?

공주님!
생일 축하합니다.
선물로 꽃을
가져왔어요.

와~ 꽃이
10개씩 7묶음이니까
모두 70송이네요.
고마워요!

⊕ 개수를 세어 보고, 수를 따라 쓰세요.

낱개가 없으면 0으로 나타내요.

10개씩 묶음	낱개
7	0

→ **70** 70

칠십 · 일흔

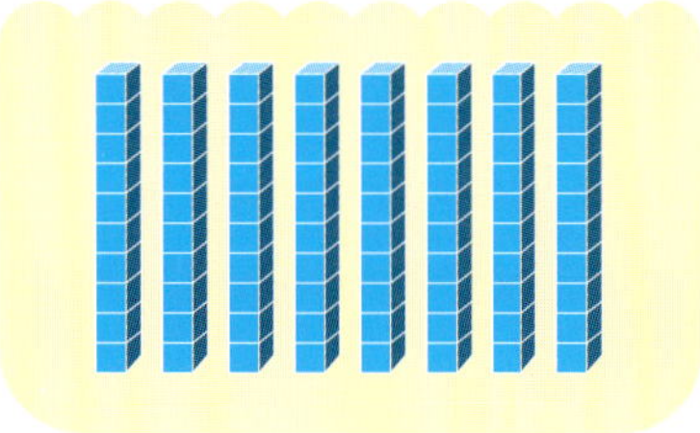

10개씩 묶음	낱개
8	0

→ **80** 80

팔십 · 여든

10개씩 묶음	낱개
9	0

→ **90** 90

구십 · 아흔

100은 개수를 셀 때와 수를 읽을 때 모두 '백'이라고 말해요.

10개씩 묶음	낱개
10	0

→ **100** 100

백

꼭꼭 블록 10개씩 묶음 1줄은 10이므로 블록 1줄이 늘어날 때마다 10씩 커지는 수가 됩니다. 블록 10개씩 묶음의 개수를 세면서 70, 80, 90, 100을 세어 보게 합니다.

● 개수를 세어 보고, □ 안에 알맞은 수를 쓰세요.

10개씩 묶음 7줄은 70이에요.

1주

71

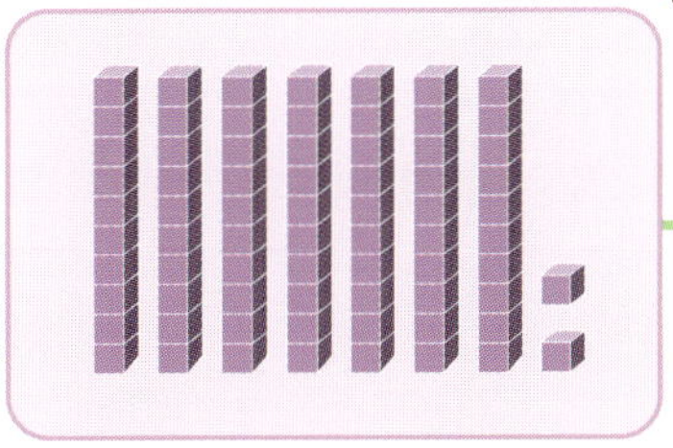

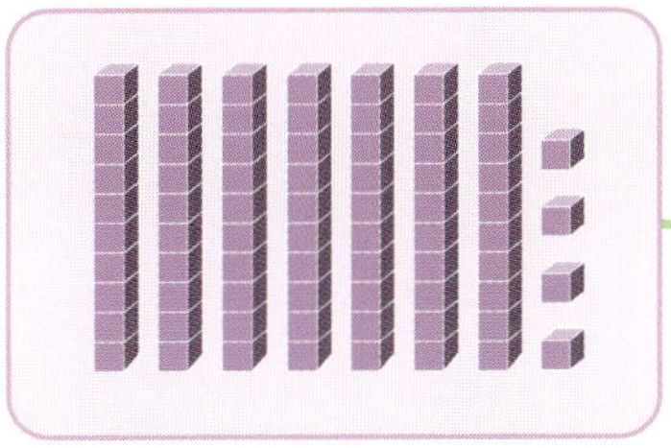

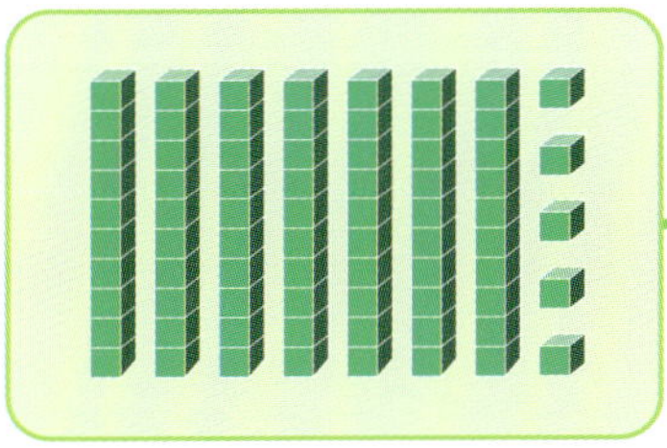

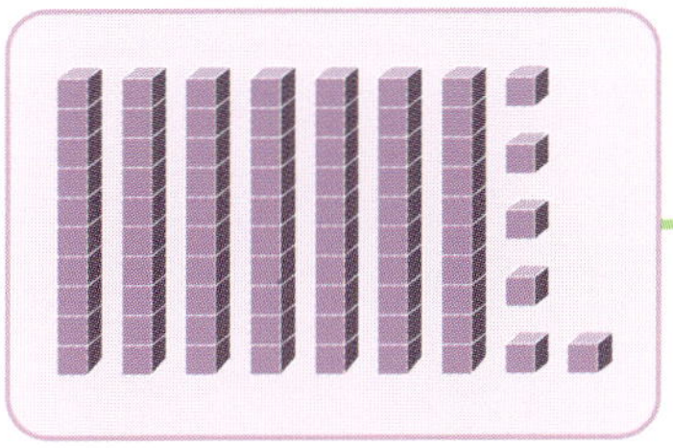

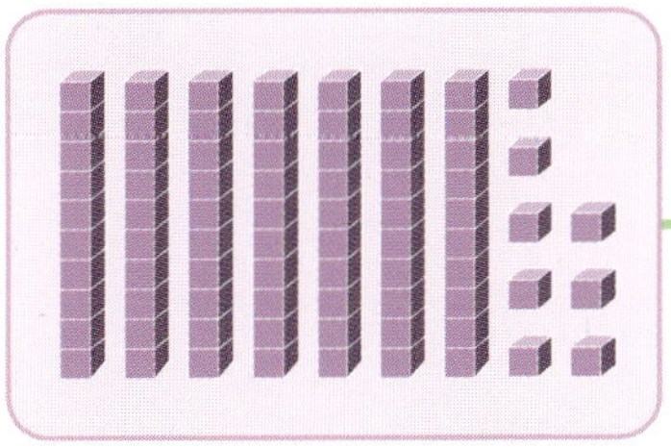

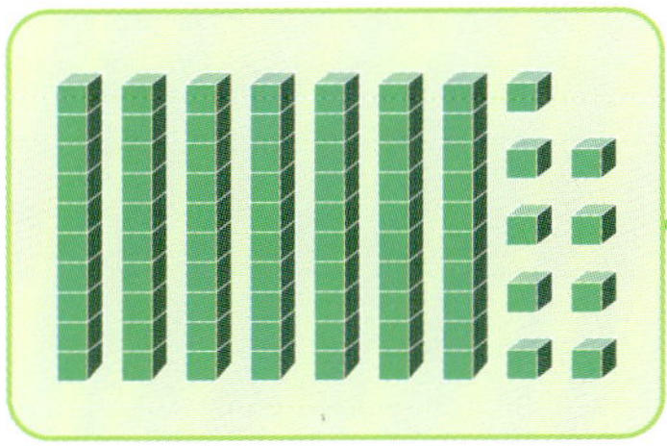

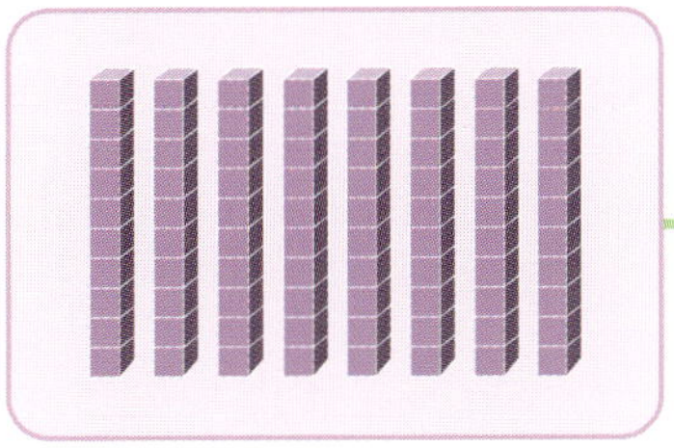

2차시 **71~100 수 익히기**

1단계

➕ 개수를 세어 보고, ☐ 안에 알맞은 수를 쓰세요.

10개씩 묶음 8줄은
몇일까?

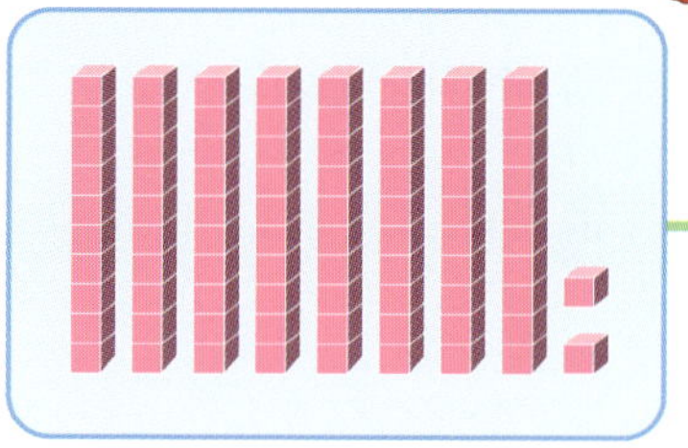

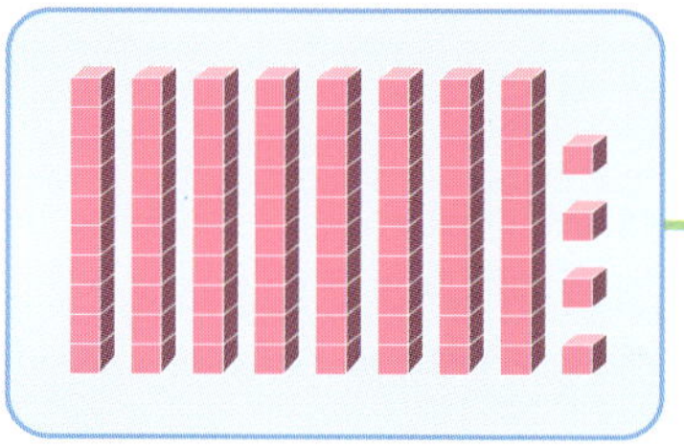

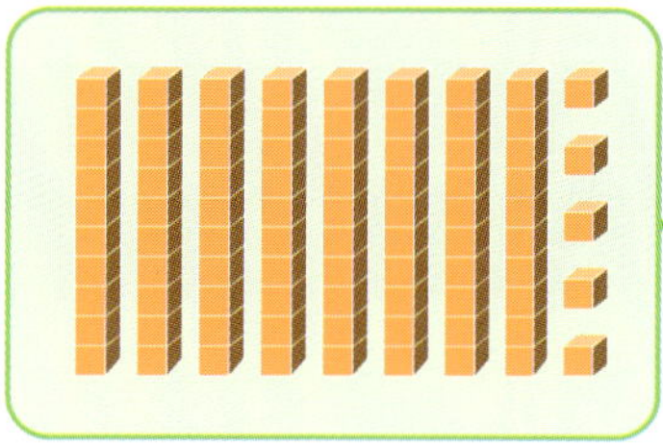

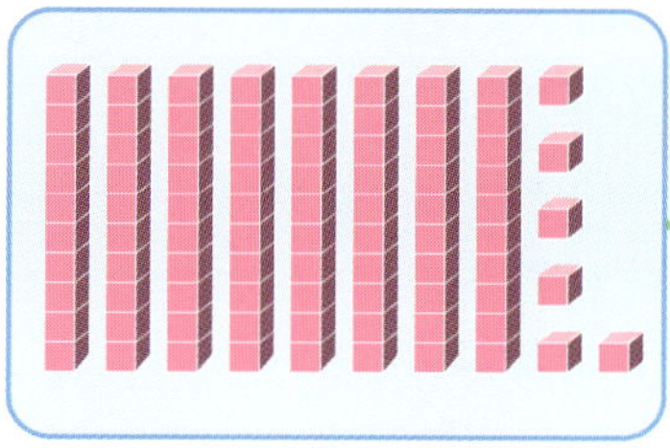

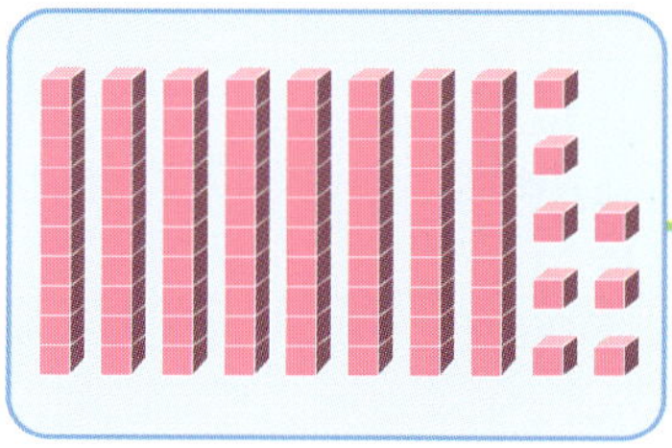

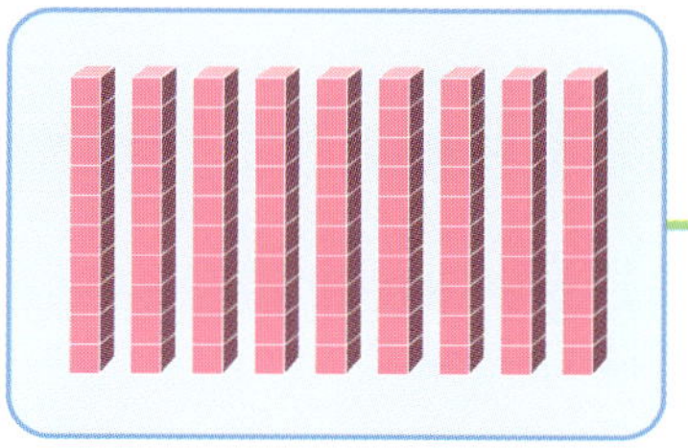

81

14 기초계산

 표준완성시간 : 1~3분

공부한 날   월   일

⊕ 개수를 세어 보고, ☐ 안에 알맞은 수를 쓰세요.

90은 10개씩 묶음 9줄이에요.

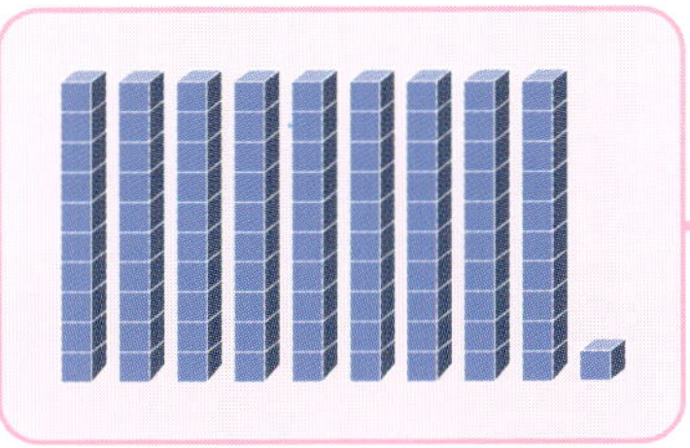

1주

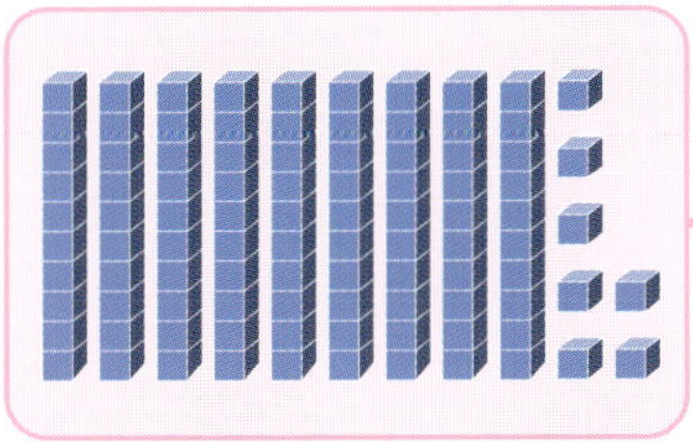

✚ 왼쪽의 수만큼 그림을 묶으세요.

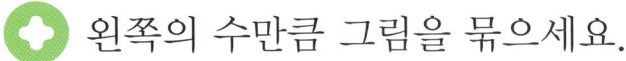

71
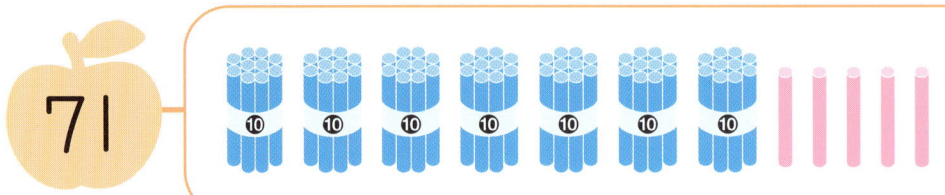

73
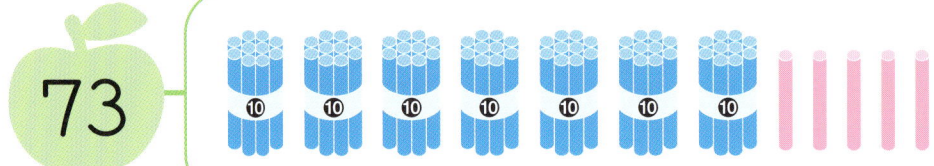

75
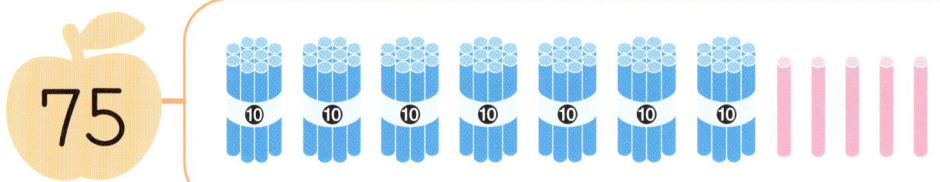

77
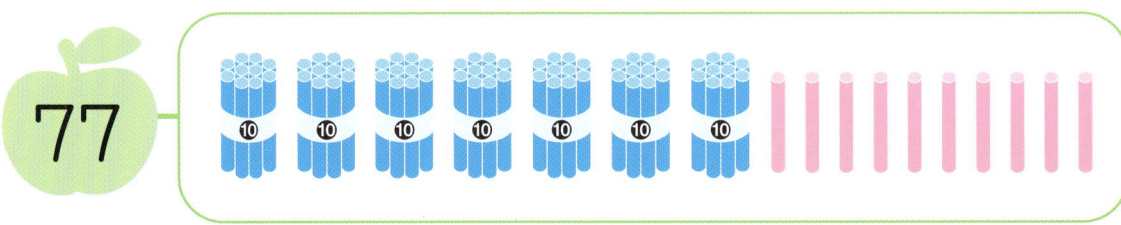

79
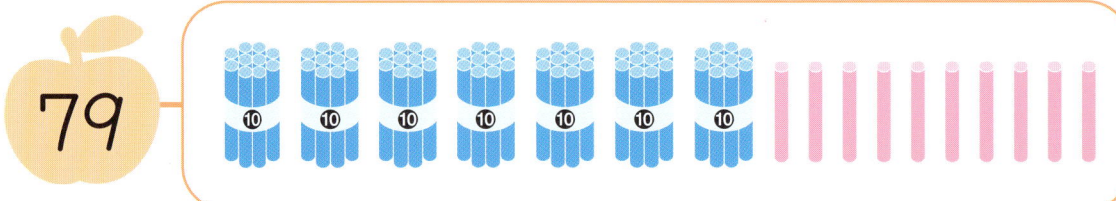

 수수깡 한 묶음은 10개이며 묶음의 개수가 한 개씩 늘어날 때마다 10씩 커지는 수가 됩니다. 묶음과 낱개의 개수를 세어 수수깡을 묶어 보게 합니다.

개수를 세어 보고, 알맞은 수에 색칠하세요.

1주

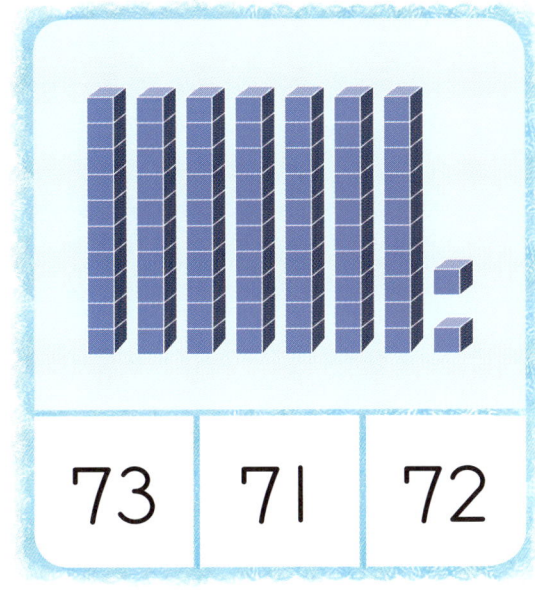

73	71	72

74	73	72

75	76	74

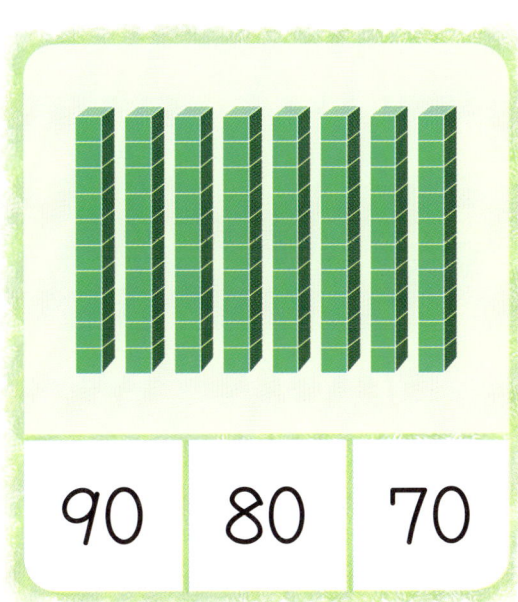

90	80	70

왼쪽의 수만큼 그림을 묶으세요.

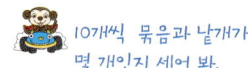
10개씩 묶음과 낱개가
몇 개인지 세어 봐.

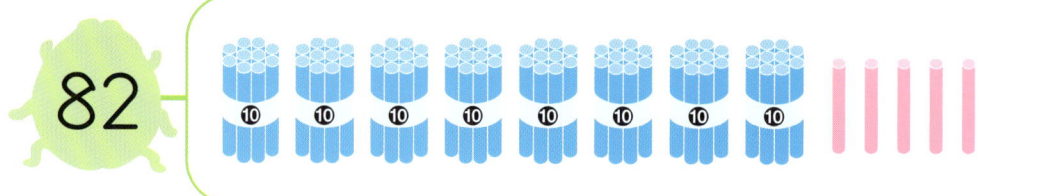

82

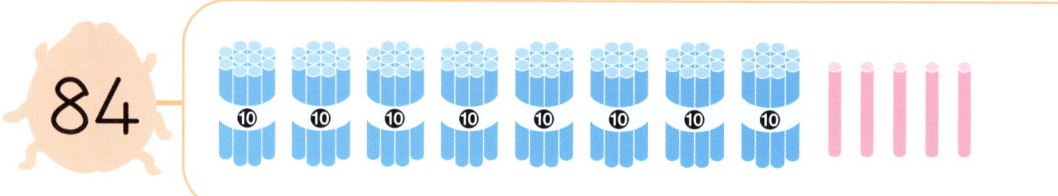

84

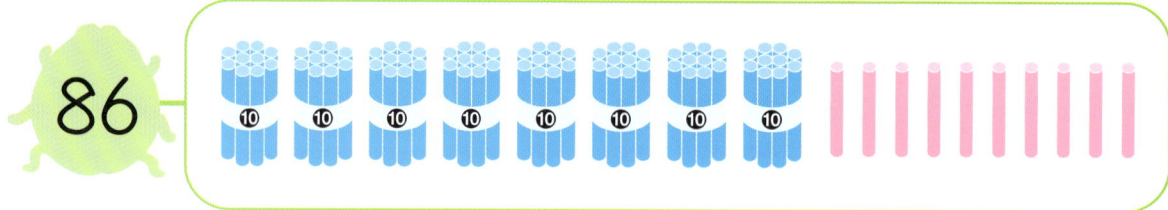

86

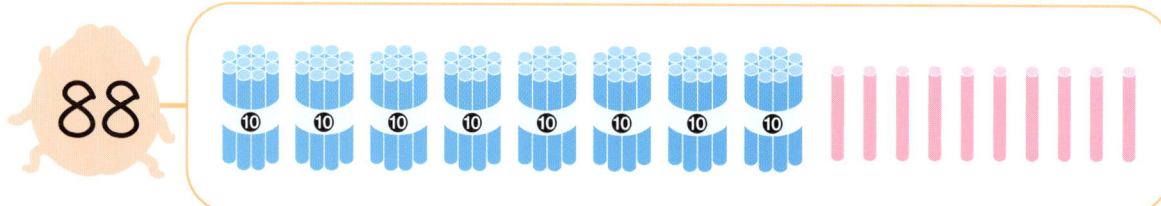

88

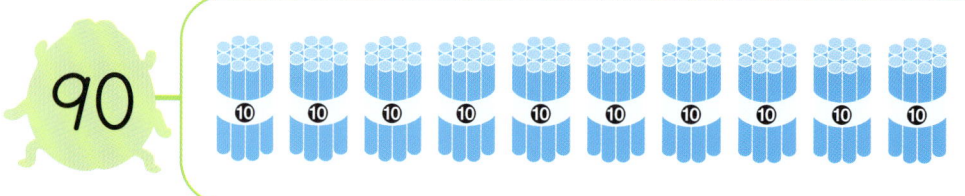

90

개수를 세어 보고, 알맞은 수에 색칠하세요.

83　82　81

86　87　88

83　84　85

89　88　87

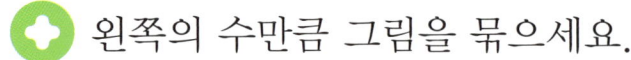 왼쪽의 수만큼 그림을 묶으세요.

91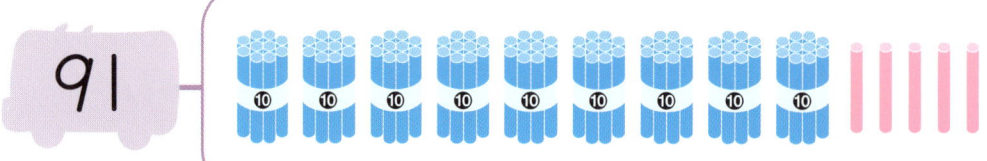

94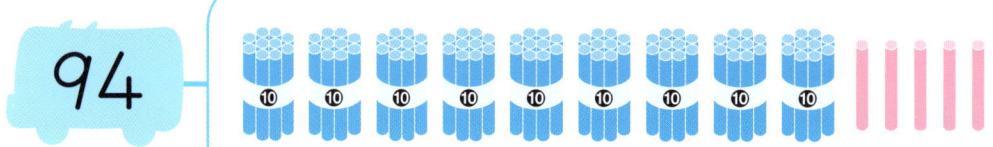

97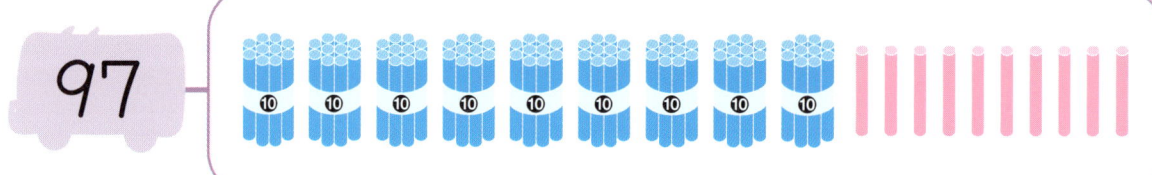

99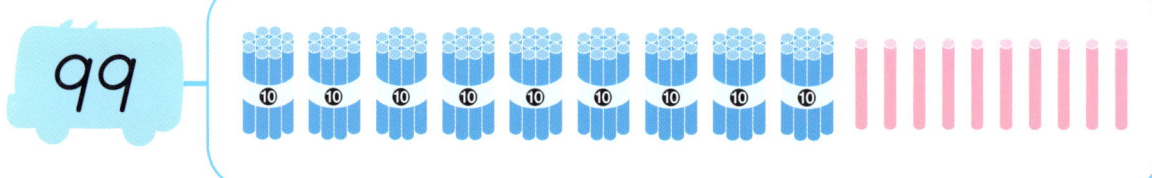

100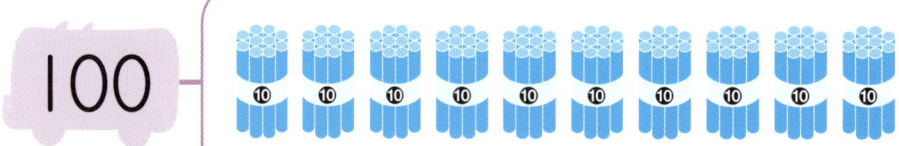

꼭꼭 수수깡 10개씩 묶음의 개수를 세어 몇 묶음인지 먼저 알아보고, 낱개의 개수를 세어 봅니다.

같은 수끼리 줄로 이으세요.

 • •  95

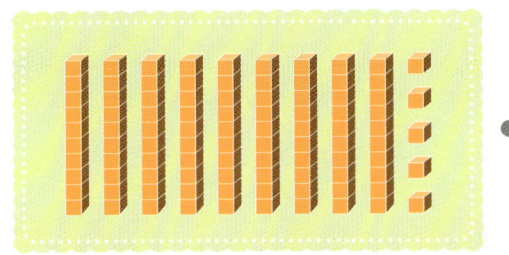 • •  93

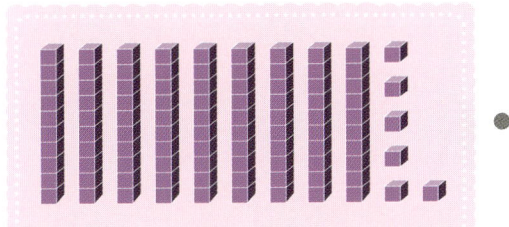 • •  98

 • •  96

 • •  100

71~100 수 익히기

🍀 개수를 세어 보고, ☐ 안에 알맞은 수를 쓰세요.

10개씩 몇 묶음인지 먼저 세어 봐요.

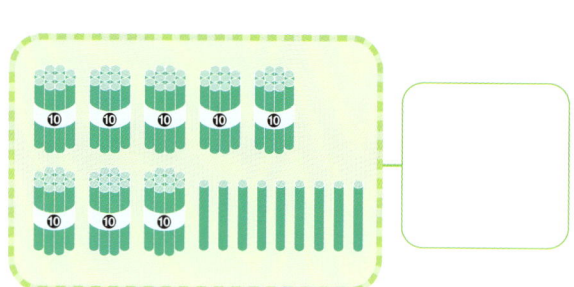

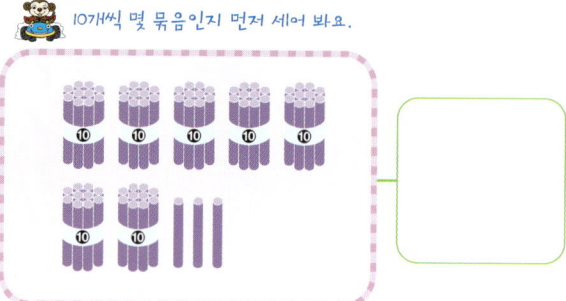

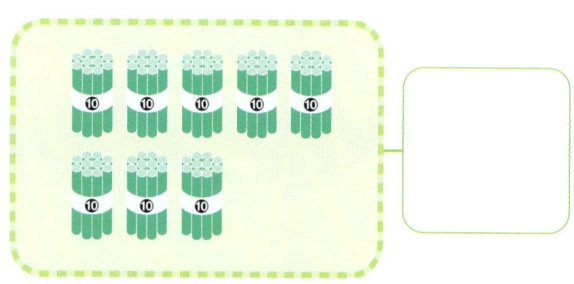

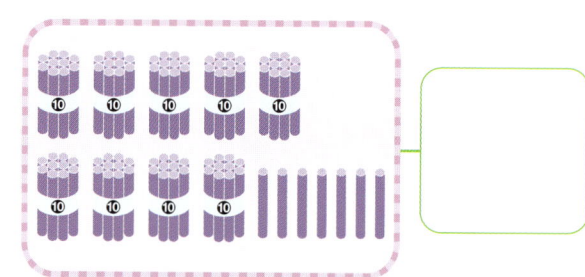

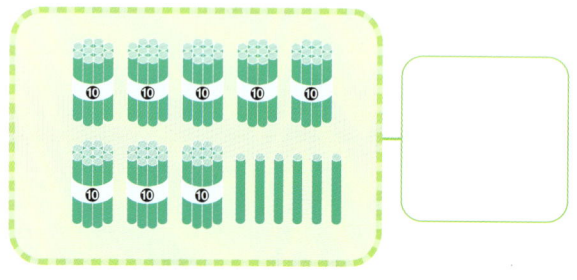

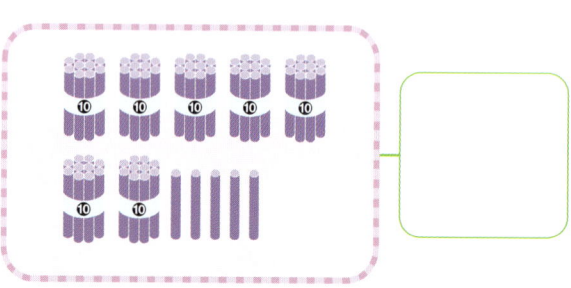

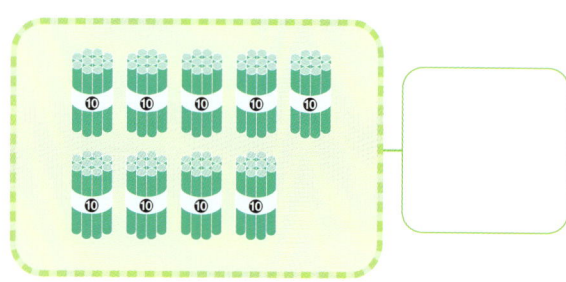

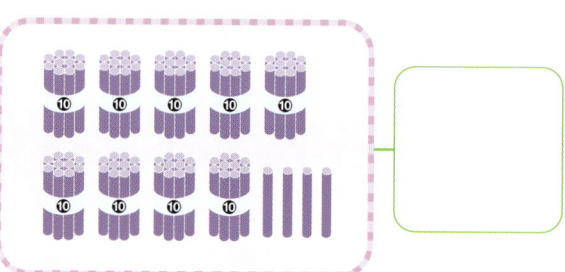

표준완성시간 : 1~3분

공부한 날   월   일

1주

✚ 개수를 세어 보고, ☐ 안에 알맞은 수를 쓰세요.

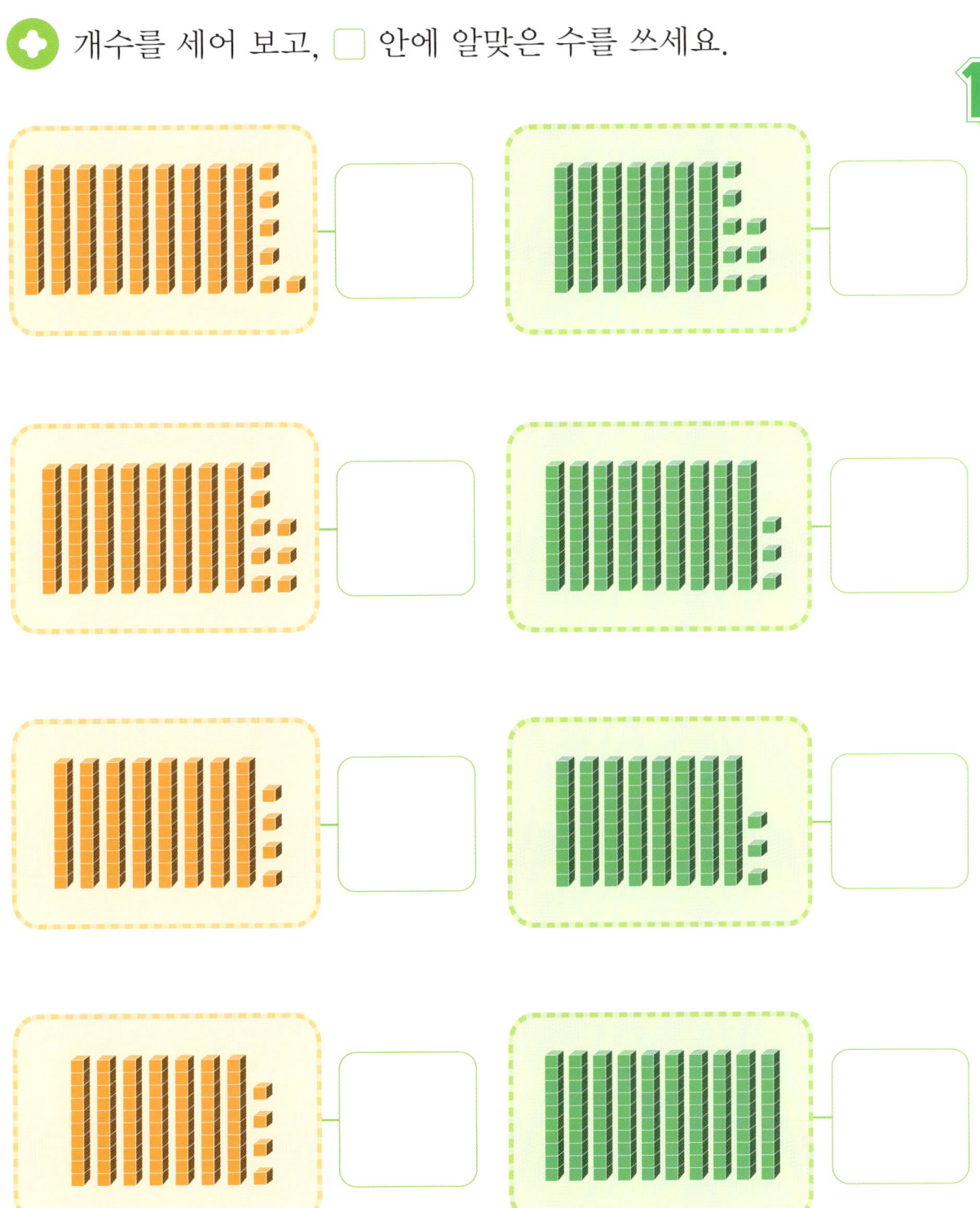

✚ 개수를 세어 보고, ☐ 안에 알맞은 수를 쓰세요.

 10개씩 몇 묶음과 낱개가 있는지 세어 몇십 몇으로 나타내요.

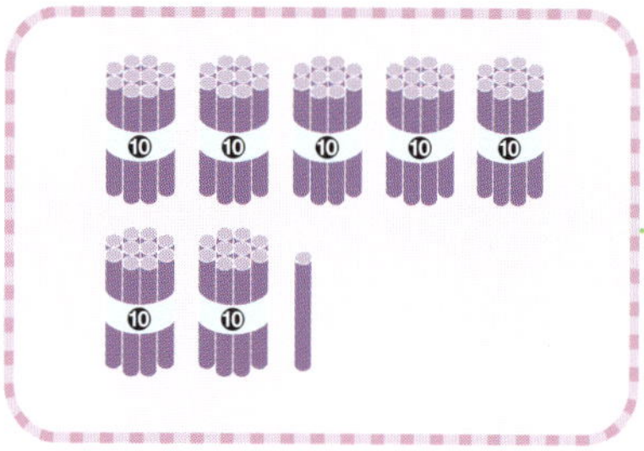

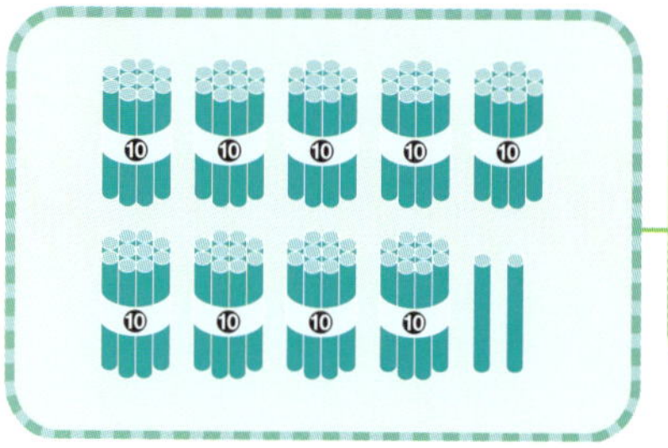

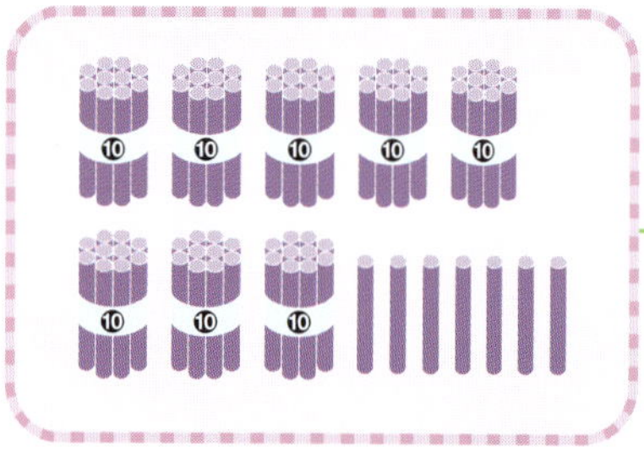

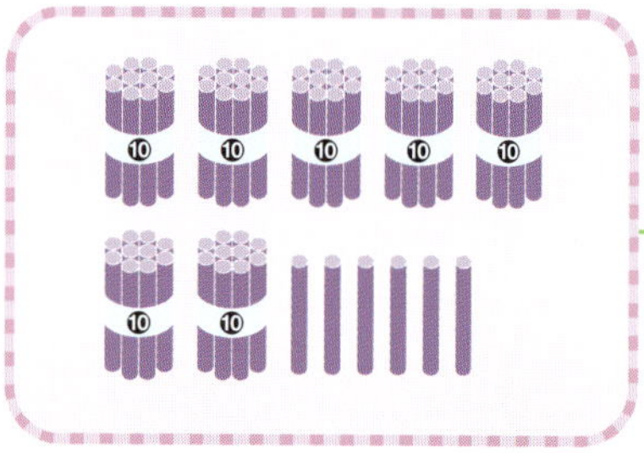

 꼭꼭 수수깡 묶음의 개수를 먼저 세어 묶음의 자리(십의 자리)에 쓰고, 낱개의 개수를 세어 낱개의 자리 (일의 자리)에 쓰게 합니다.

표준완성시간 : 1~3분

1주

● 개수를 세어 보고, ☐ 안에 알맞은 수를 쓰세요.

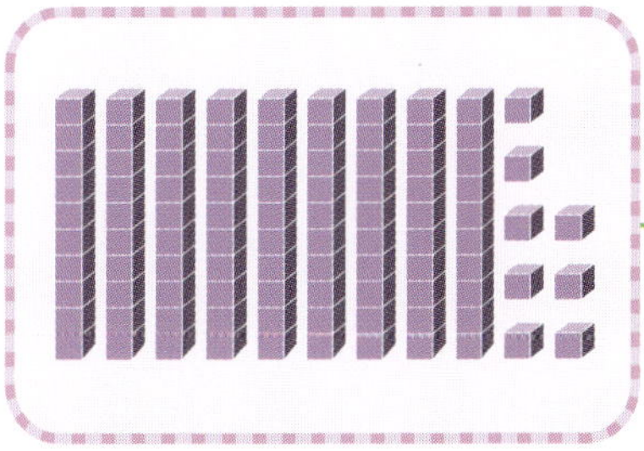

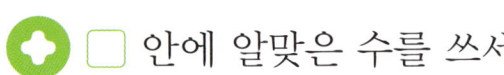 ☐ 안에 알맞은 수를 쓰세요.

칠십 몇으로 쓰면 되겠구나.

10개씩 묶음	낱개	
7	4	→ 74

10개씩 묶음	낱개	
7	5	→

10개씩 묶음	낱개	
7	2	→

10개씩 묶음	낱개	
8	5	→

10개씩 묶음	낱개	
8	4	→

10개씩 묶음	낱개	
8	7	→

10개씩 묶음	낱개	
9	0	→

10개씩 묶음	낱개	
9	3	→

10개씩 묶음	낱개	
9	6	→

10개씩 묶음	낱개	
9	9	→

 꼭꼭 10개씩 묶음은 몇십이고, 낱개는 몇이므로 몇십 몇으로 나타내어 쓰게 합니다.

➕ 빈칸에 알맞은 수를 쓰세요.

	10개씩 묶음	낱개
83	8	3

	10개씩 묶음	낱개
95		

	10개씩 묶음	낱개
78		

	10개씩 묶음	낱개
80		

100은 낱개가 하나도 없구나.

	10개씩 묶음	낱개
73		

	10개씩 묶음	낱개
100		

	10개씩 묶음	낱개
89		

	10개씩 묶음	낱개
76		

	10개씩 묶음	낱개
98		

	10개씩 묶음	낱개
86		

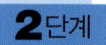

➕ 빈칸에 알맞은 수를 쓰세요.

 61부터 100까지 수를 차례대로 세어 봐요.

61	62		64	
66		68		70
71			74	75
	77		79	
81		83		85
	87			90
	92	93		95
96			99	

 꼭 꼭 숫자에 관심을 보이기 시작하면 아이는 수 세기에 몰두하게 됩니다. 1부터 100까지의 수를 세어 보며 수의 차례를 완벽하게 익히게 합니다.

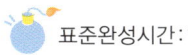

빈칸에 알맞은 수를 쓰세요.

1주

61			64	
66	67			70

71		73		75
	77		79	

	82		84	
86			89	90

91		93		
96	97			100

빈칸에 알맞은 수를 쓰세요.

| | 84 | 85 |

| 75 | | 77 |

| 95 | 96 | |

| | 82 | |

| 71 | | 73 |

| 74 | | 76 |

| 86 | | 88 |

| | 90 | |

| 77 | 78 | |

| 98 | 99 | |

 꼭꼭 71부터 100까지의 수에서 1 큰 수와 1 작은 수, 두 수 사이의 수를 쓰며 수의 차례를 익힙니다.

✚ 빈칸에 알맞은 수를 쓰세요.

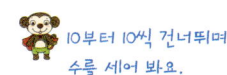 10부터 10씩 건너뛰며 수를 세어 봐요.

1주

1	2	3	4	5	6	7	8	9	
11	12	13	14	15	16	17	18	19	
21	22	23	24	25	26	27	28	29	
31	32	33	34	35	36	37	38	39	
41	42	43	44	45	46	47	48	49	
51	52	53	54	55	56	57	58	59	
61	62	63	64	65	66	67	68	69	
71	72	73	74	75	76	77	78	79	
81	82	83	84	85	86	87	88	89	
91	92	93	94	95	96	97	98	99	

 알맞은 수를 이곳에 차례대로 써 봐.

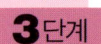

🟣 두 수 중 더 큰 수에 ⭕표 하세요.

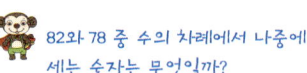
82와 78 중 수의 차례에서 나중에 세는 숫자는 무엇일까?

73 ― 71	82 ― 78
76 ― 83	84 ― 86
92 ― 87	80 ― 90
81 ― 85	94 ― 86
75 ― 93	97 ― 99

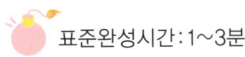
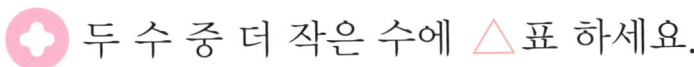 두 수 중 더 작은 수에 △표 하세요.

1주

75 — 81

84 — 86

 75와 81 중에 묶음의 수가 더 작은 수를 찾아봐요.

92 — 84

72 — 82

87 — 78

79 — 80

76 — 73

89 — 98

95 — 91

88 — 99

71~100 수 익히기

3단계

🌸 세 수 중 가장 큰 수에 색칠하세요.

묶음의 수가 같으면 낱개의 수를 비교해요.

84	76	88

72	75	74

95	93	96

73	71	74

97	99	100

89	90	91

92	82	72

94	87	78

76	86	85

87	78	88

 수의 크기를 비교할 때는 수의 차례로 비교하게 하거나 묶음의 수 크기로 비교하게 합니다. 묶음의 수가 같으면 낱개로 비교하게 합니다.

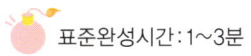
세 수 중 가장 작은 수에 색칠하세요.

| 72 | 71 | 73 |

| 97 | 93 | 79 |

| 100 | 98 | 96 |

| 73 | 86 | 80 |

| 85 | 75 | 95 |

| 88 | 90 | 89 |

| 83 | 74 | 96 |

| 74 | 75 | 78 |

| 77 | 84 | 75 |

| 79 | 89 | 99 |

1~100 종합

차시	단계	공부한 날	잘 했나요?
13차시		월 일	☺ ☺ 😐 😣
14차시		월 일	☺ ☺ 😐 😣
15차시		월 일	☺ ☺ 😐 😣
16차시		월 일	☺ ☺ 😐 😣
17차시	1단계	월 일	☺ ☺ 😐 😣
18차시		월 일	☺ ☺ 😐 😣
19차시		월 일	☺ ☺ 😐 😣
20차시		월 일	☺ ☺ 😐 😣
21차시	2단계	월 일	☺ ☺ 😐 😣
22차시		월 일	☺ ☺ 😐 😣
23차시	3단계	월 일	☺ ☺ 😐 😣
24차시		월 일	☺ ☺ 😐 😣

틀린 개수가

0~1 개이면 ☺ (아주 잘함)에, 2~3개이면 ☺ (잘함)에,
4~5개이면 😐 (보통)에, 6개 이상이면 😣 (노력 바람)에 색칠해 주세요.

만화로 개념 알아보기

학습목표 여러 가지 문제를 통해 1~100의 수·양 개념을 다지고, 자릿값을 이해할 수 있습니다.

동화책을 다 읽어 줬으니 이제 자야지.

잠이 안 와요. 또 읽어 주세요!

또?

벌떡!

그럼, 양 100마리를 세어 보렴.

100 마리요?

➕ 개수를 세어 보고, 알맞은 수에 색칠하세요.

 15 / 12

 13 / 17

 19 / 20

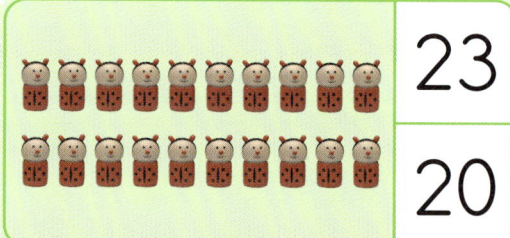 23 / 20

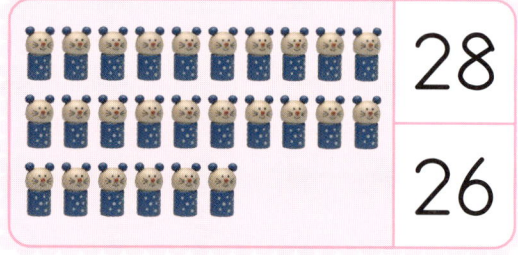 28 / 26

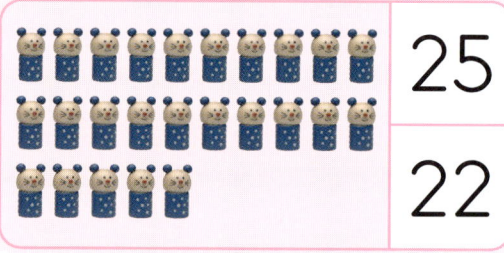 25 / 22

 27 / 24

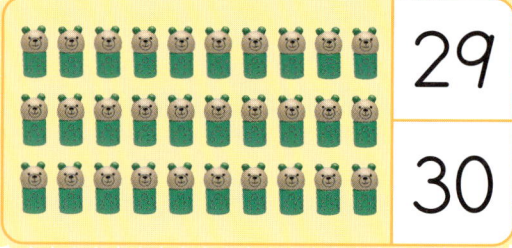 29 / 30

 개수가 많을 때는 10개씩 묶어서 묶음의 개수와 낱개의 개수를 세어 보게 합니다.

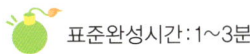
✚ 개수를 세어 보고, 알맞은 수에 ◯표 하세요.

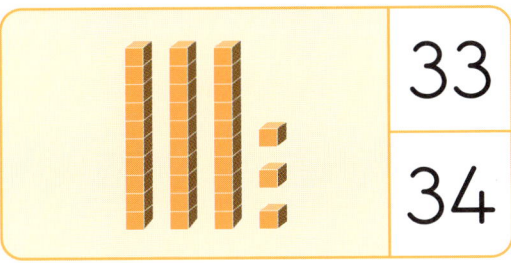

33
34

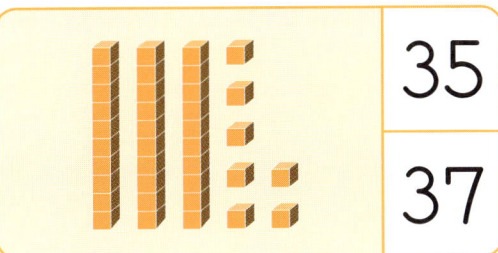

35
37

41
44

45
40

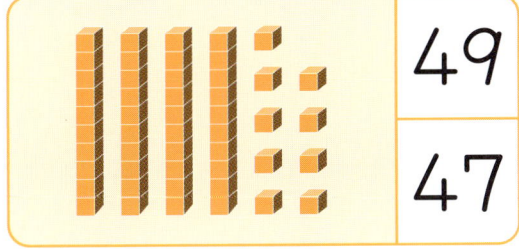

49
47

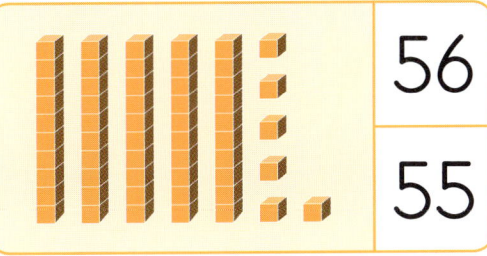

56
55

58
60

75
65

같은 수끼리 짝지은 것에 모두 ◯표 하세요.

블록 1줄은 10개니까 묶음의 수로 세어 봐요.

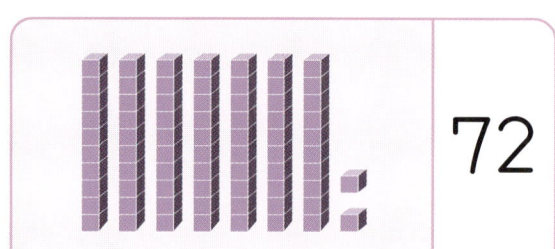 72

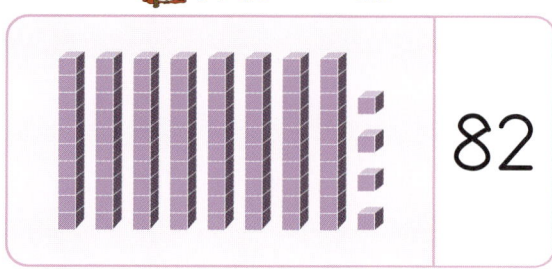 82

 65

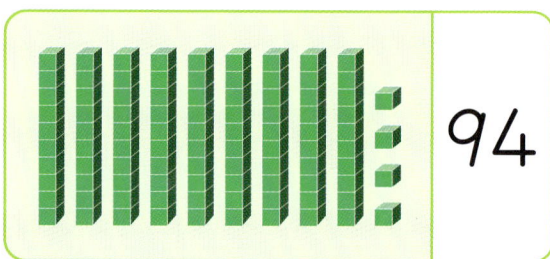 94

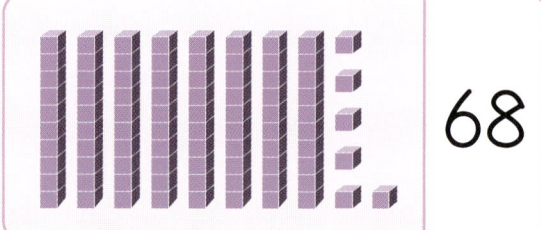 68

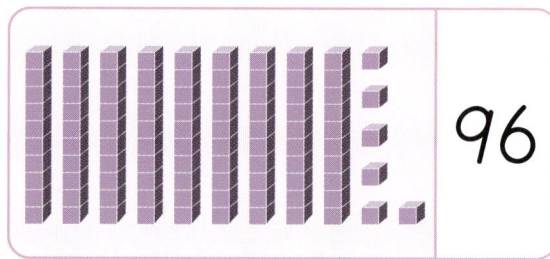 96

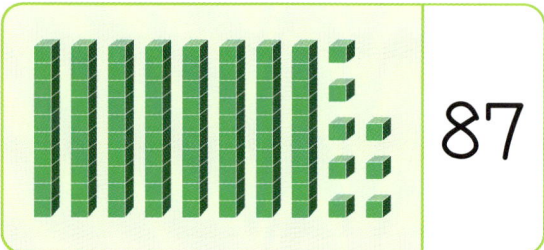 87

 79

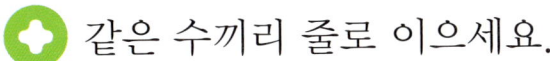 같은 수끼리 줄로 이으세요.

60 •

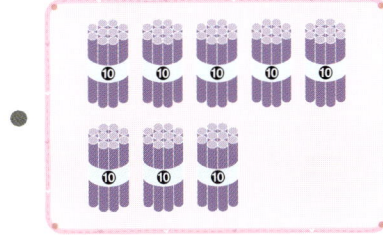

80 •

90 •

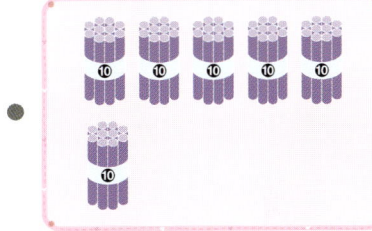

70 •

100 •

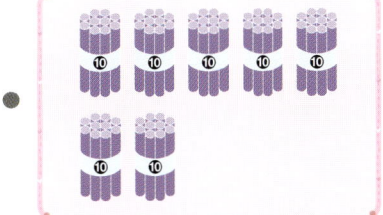

15 차시 1~100 종합　　　1단계

🍀 개수를 세어 보고, 빈칸에 알맞은 수를 쓰세요.

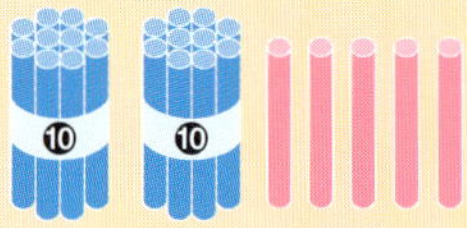

10개씩 묶음	낱개
2	5

→ 25

10개씩 묶음	낱개

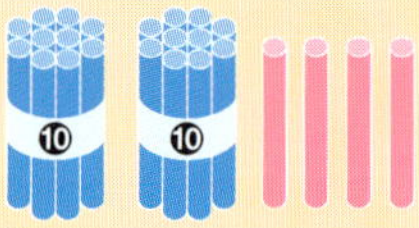

→

10개씩 묶음	낱개

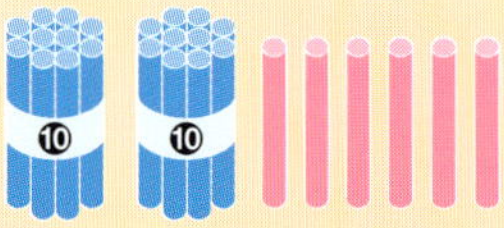

→

10개씩 묶음	낱개

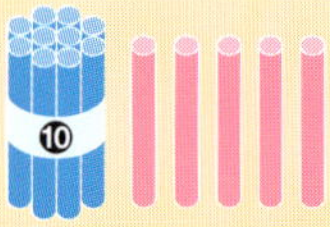

→

10개씩 묶음	낱개

→

 수수깡 한 묶음은 10개이므로 묶음과 낱개의 개수를 따로 세어 본 다음, 몇십 몇으로 써 봅니다.

✿ 개수를 세어 보고, 빈칸에 알맞은 수를 쓰세요.

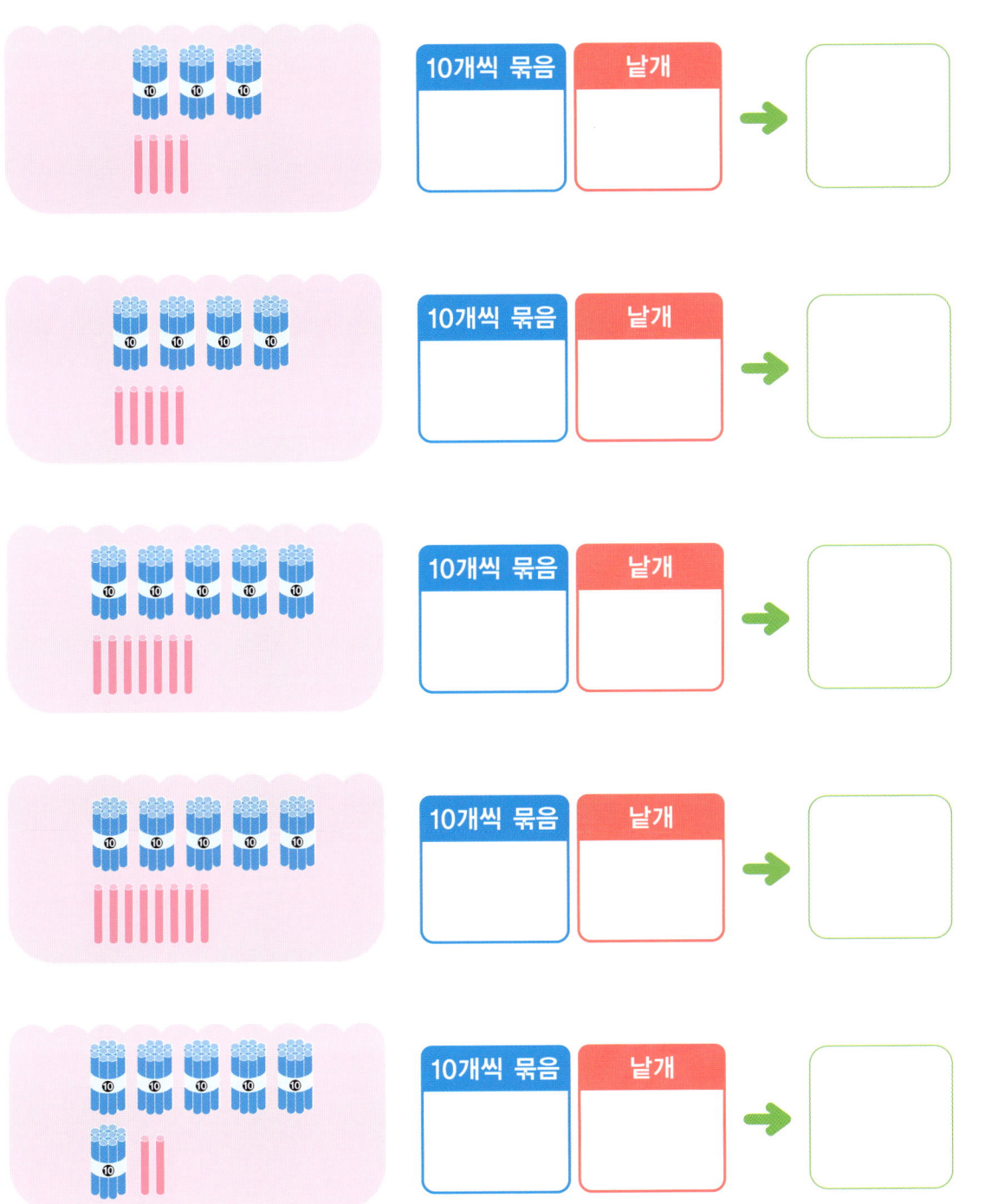

➕ 개수를 세어 보고, 빈칸에 알맞은 수를 쓰세요.

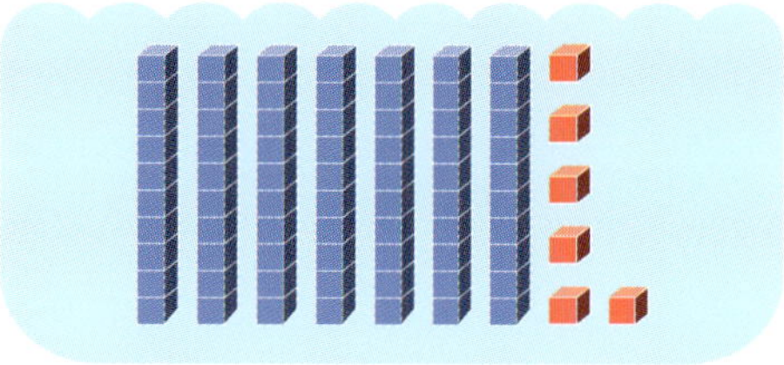

10개씩 묶음	낱개	→	

10개씩 묶음	낱개	→	

10개씩 묶음	낱개	→	

10개씩 묶음	낱개	→	

10개씩 묶음	낱개	→	

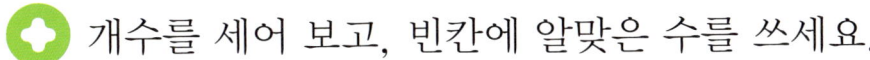

➕ 개수를 세어 보고, 빈칸에 알맞은 수를 쓰세요.

10개씩 묶음	낱개

→

2주

10개씩 묶음	낱개

→

10개씩 묶음	낱개

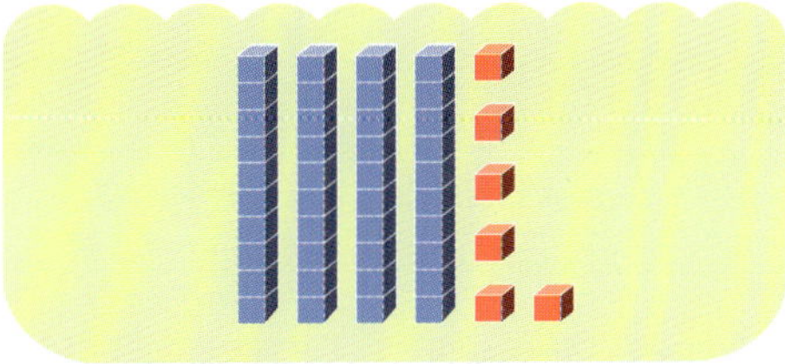

→

10개씩 묶음	낱개

→

10개씩 묶음	낱개

→

○ □ 안에 알맞은 수를 쓰세요.

10개씩 2묶음은 20이에요.

10개씩 묶음	낱개	
6	4	→

10개씩 묶음	낱개	
2	3	→

10개씩 묶음	낱개	
2	8	→

10개씩 묶음	낱개	
7	7	→

10개씩 묶음	낱개	
8	6	→

10개씩 묶음	낱개	
5	2	→

10개씩 묶음	낱개	
1	4	→

10개씩 묶음	낱개	
3	7	→

10개씩 묶음	낱개	
4	5	→

10개씩 묶음	낱개	
9	8	→

꼭꼭 10개씩 묶음의 수는 몇십을 나타내고, 낱개는 몇을 나타내므로 몇십 몇으로 나타내어 쓰게 합니다.

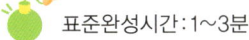
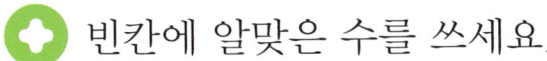 빈칸에 알맞은 수를 쓰세요.

55 →	10개씩 묶음	낱개

24 →	10개씩 묶음	낱개

2주

35 →	10개씩 묶음	낱개

99 →	10개씩 묶음	낱개

13 →	10개씩 묶음	낱개

59 →	10개씩 묶음	낱개

82 →	10개씩 묶음	낱개

76 →	10개씩 묶음	낱개

63 →	10개씩 묶음	낱개

47 →	10개씩 묶음	낱개

➕ 개수를 세어 보고, ☐ 안에 알맞은 수를 쓰세요.

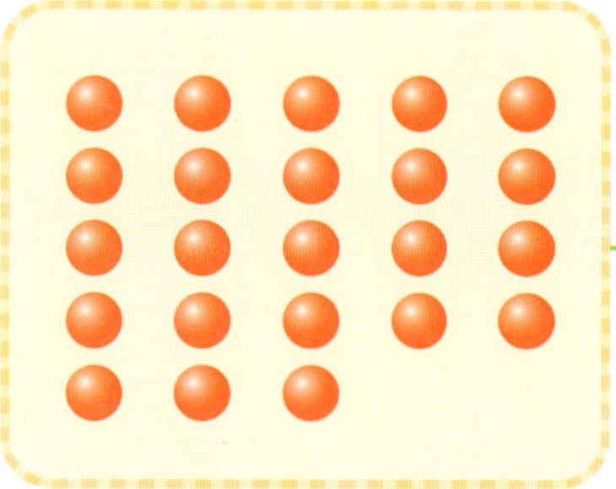

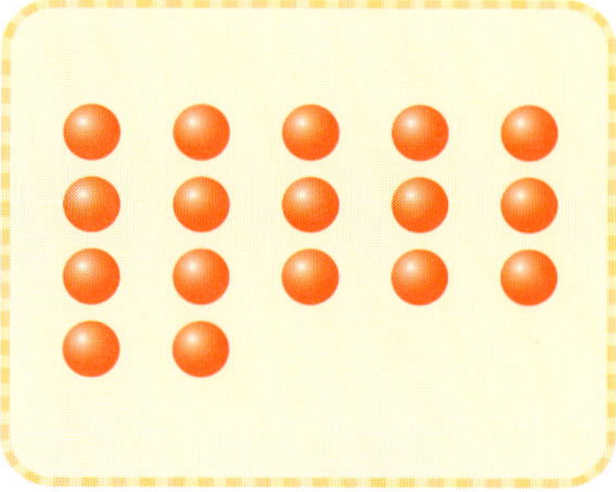

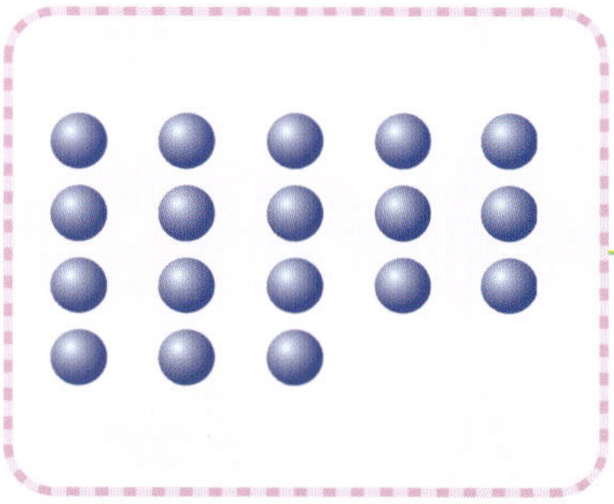

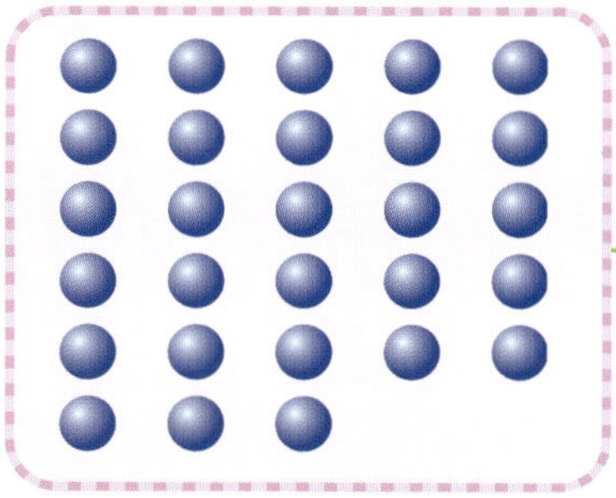

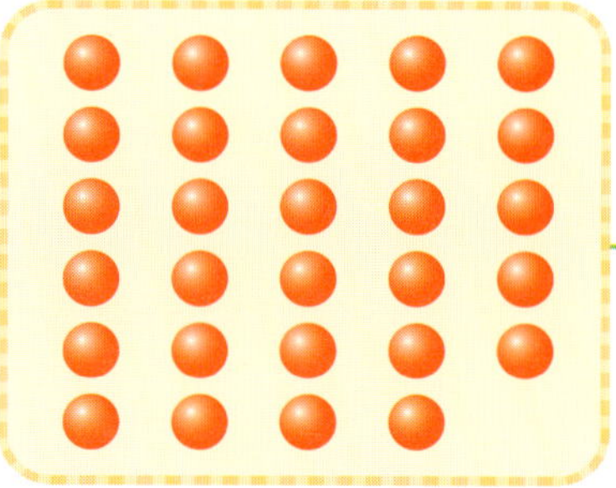

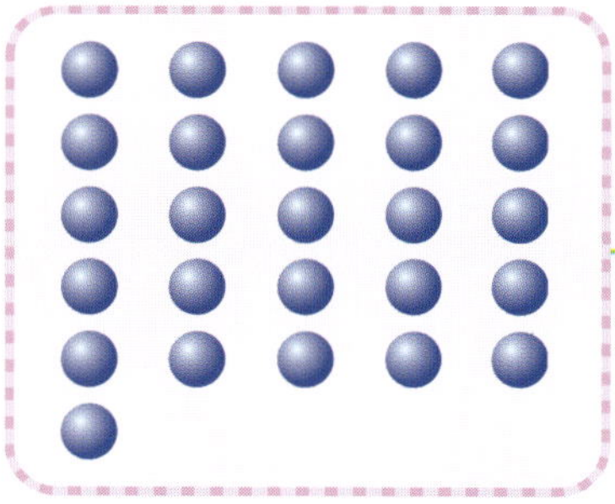

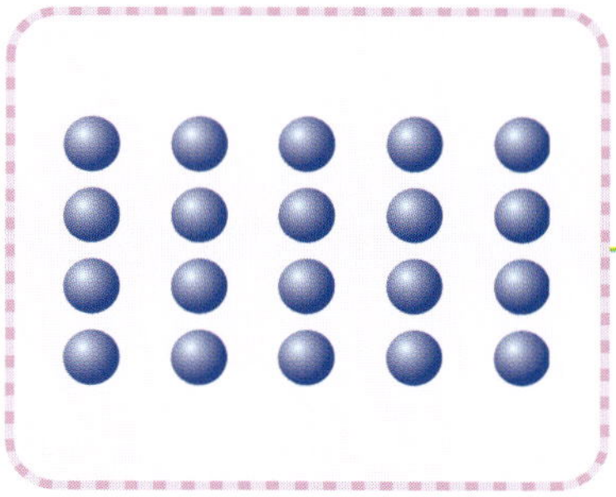

✚ 개수를 세어 보고, ☐ 안에 알맞은 수를 쓰세요.

2주

✚ 개수를 세어 보고, ☐ 안에 알맞은 수를 쓰세요.

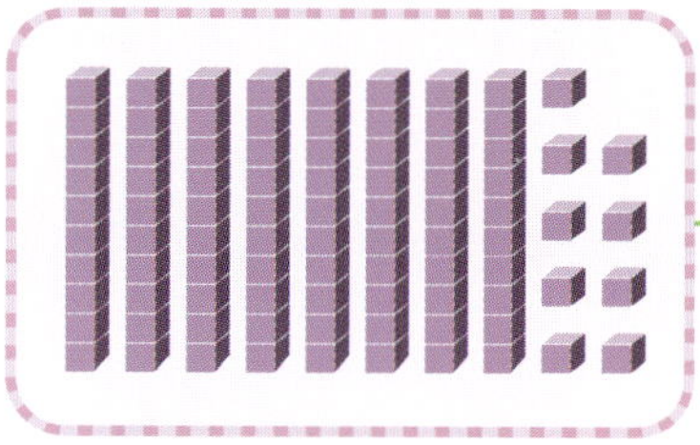

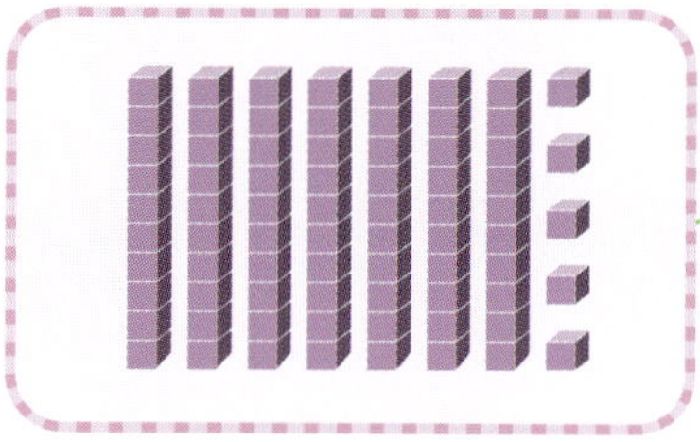

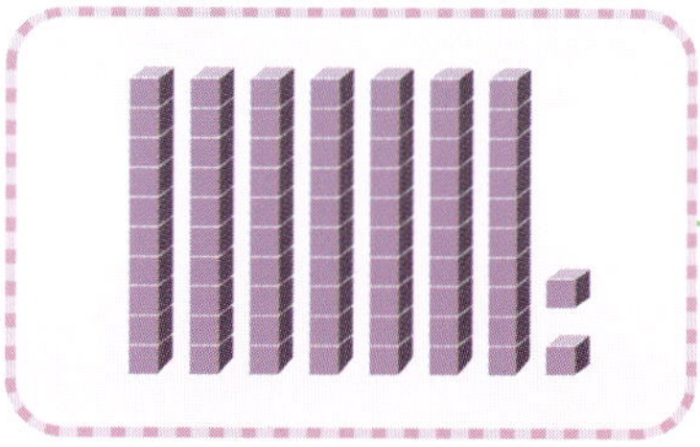

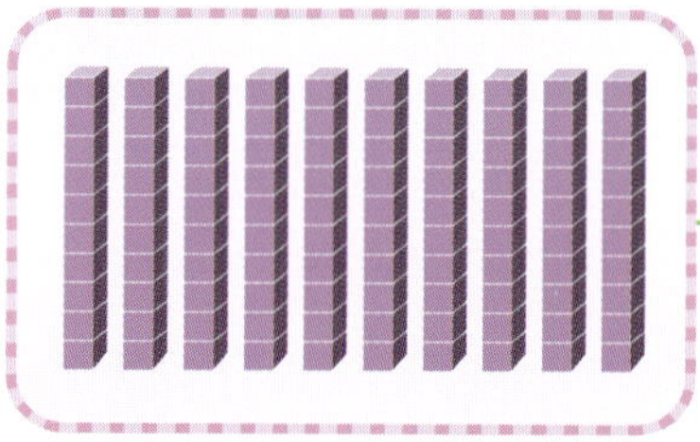

꼭꼭　블록 1줄은 10개이므로 10개씩 묶음을 셀 때 10, 20, 30, ……으로 세도록 합니다.

● 개수를 세어 보고, ☐ 안에 알맞은 수를 쓰세요.

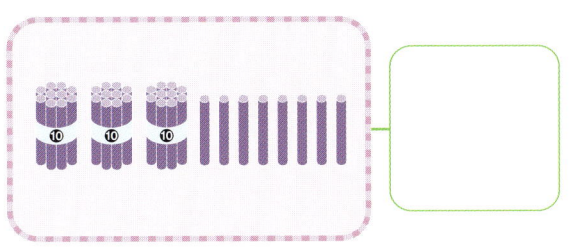

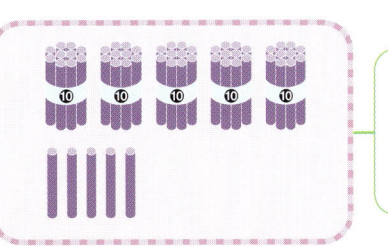

 10개씩 몇 묶음인지 먼저 세고 낱개의 수를 세어 봐요.

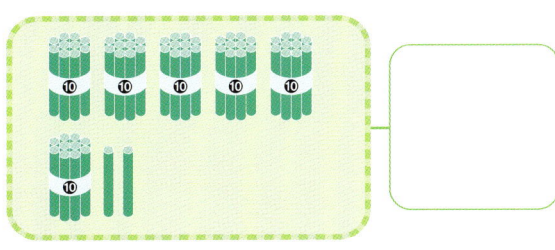

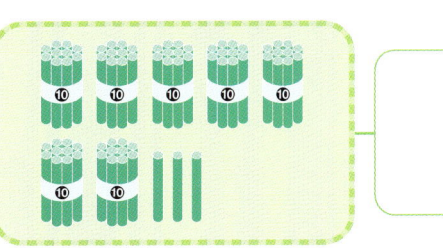

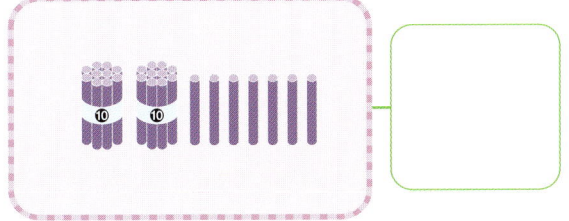

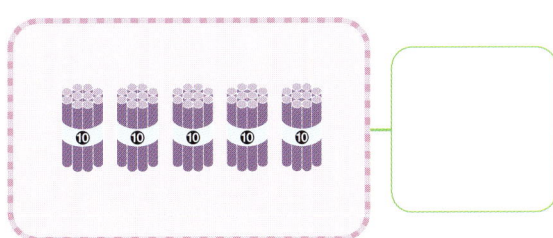

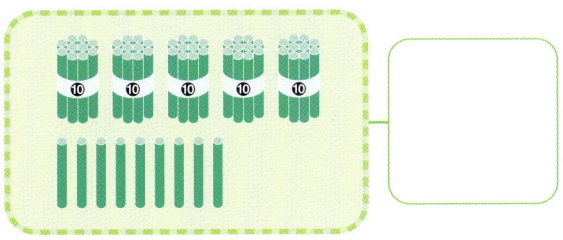

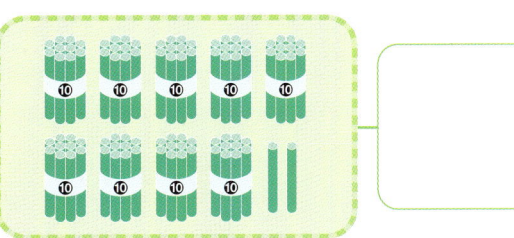

➕ 개수를 세어 보고, ☐ 안에 알맞은 수를 쓰세요.

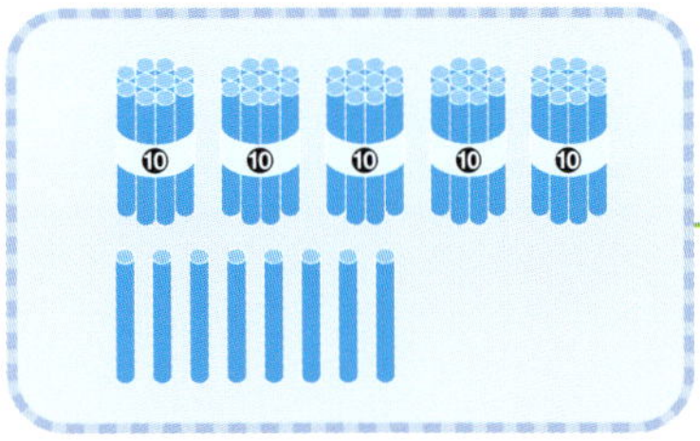

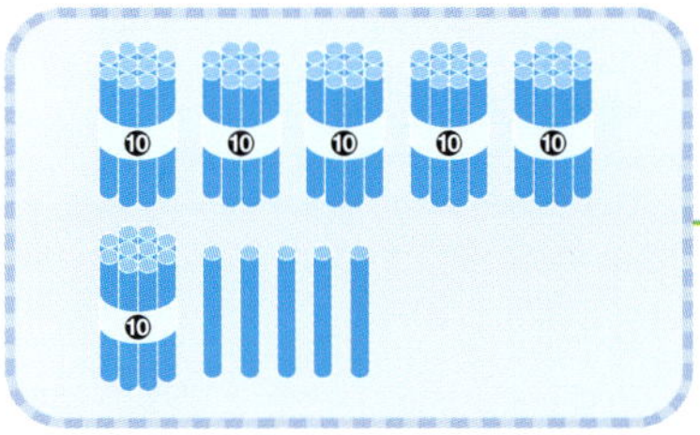

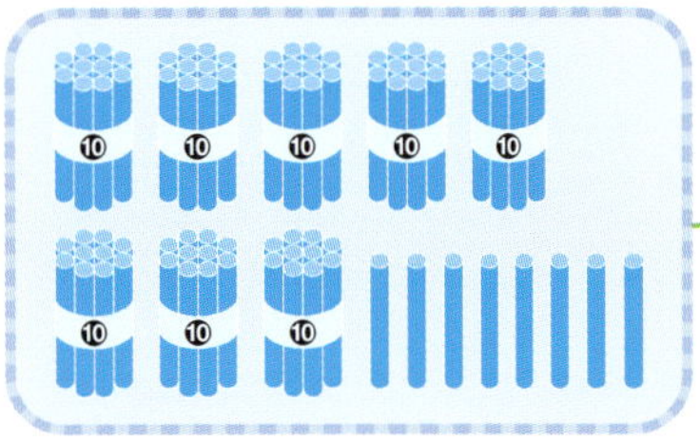

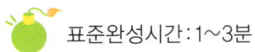
➕ 51부터 100까지 수의 순서대로 점을 이으세요.

2주

숫자 7이 쓰여 있는 칸을 모두 찾아 색칠하세요.

1	2	3	4	5	6	7	8	9	10
11	12	13	14	15	16	17	18	19	20
21	22	23	24	25	26	27	28	29	30
31	32	33	34	35	36	37	38	39	40
41	42	43	44	45	46	47	48	49	50
51	52	53	54	55	56	57	58	59	60
61	62	63	64	65	66	67	68	69	70
71	72	73	74	75	76	77	78	79	80
81	82	83	84	85	86	87	88	89	90
91	92	93	94	95	96	97	98	99	100

꼭꼭 1부터 100까지의 수를 차례대로 세어 보고, 7이 쓰인 칸을 찾아봅니다. 묶음의 수가 7인 수, 낱개의 수가 7인 수를 찾아보며 수의 규칙을 이해합니다.

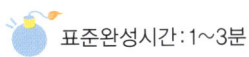

빈칸에 알맞은 수를 쓰세요.

수를 거꾸로 세어 봐요.

30	29			26
25			22	

50		48	47	
	44			41

80		78		76
	74		72	

100	99		97	
95		93		91

🌸 빈칸에 알맞은 수를 쓰세요.

57과 59 사이의 수는 57보다
1 크고, 59보다 1 작은 수예요.

| 9 | | 11 |

| 57 | | 59 |

| | 68 | |

| 35 | | 37 |

| 42 | 43 | |

| 17 | | 19 |

| | 24 | 25 |

| | 76 | |

| 87 | | |

| 98 | | 100 |

 꼭꼭 1부터 100까지 수의 차례대로 세어 보면서 빠진 수를 알아보게 합니다.

✿ 수의 순서대로 바르게 쓰인 것에 모두 ◯표 하세요.

14　15　18　16　17　（　　）

2주

76　77　78　79　80　（　　）

54　58　55　57　56　（　　）

34　35　36　37　38　（　　）

95　99　96　97　98　（　　）

 **23**차시 1~100 종합 **3**단계

세 수 중 가장 큰 수에 색칠하세요.

 묶음의 수가 가장 큰 수를 찾으면 돼요.

| 53 | 63 | 73 |

| 39 | 60 | 47 |

| 47 | 74 | 50 |

| 42 | 32 | 62 |

| 86 | 59 | 94 |

| 70 | 80 | 90 |

| 11 | 21 | 31 |

| 35 | 43 | 52 |

 묶음의 수가 같으면 낱개의 수를 비교해 봐요.

| 73 | 71 | 72 |

| 95 | 88 | 79 |

✿ 세 수 중 가장 큰 수에 ◯표, 가장 작은 수에 △표 하세요.

11 · 34 · 26

35 · 45 · 55

2주

낱개의 수가 모두 같으니까 묶음의
수가 가장 큰 수를 찾아봐요.

88 · 76 · 95

59 · 70 · 48

49 · 45 · 44

67 · 58 · 79

37 · 73 · 49

40 · 60 · 30

93 · 89 · 92

75 · 86 · 91

1~100 종합

왼쪽의 수보다 더 큰 수에 색칠하세요.

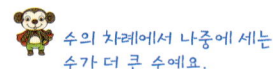
수의 차례에서 나중에 세는 수가 더 큰 수예요.

| 86 | 82 | 87 | 85 |

| 26 | 25 | 27 | 24 |

| 36 | 37 | 35 | 34 |

| 72 | 71 | 74 | 70 |

| 42 | 41 | 43 | 39 |

| 50 | 45 | 49 | 52 |

| 64 | 60 | 63 | 67 |

| 39 | 37 | 40 | 38 |

| 15 | 14 | 13 | 17 |

| 99 | 97 | 98 | 100 |

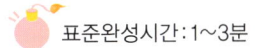

왼쪽의 수보다 더 작은 수에 △표 하세요.

| 30 | 32 | 31 | 29 |

| 70 | 74 | 72 | 69 |

2주

| 19 | 21 | 18 | 20 |

| 56 | 59 | 55 | 57 |

| 68 | 69 | 66 | 71 |

| 34 | 33 | 35 | 37 |

| 46 | 42 | 47 | 48 |

| 20 | 18 | 23 | 25 |

| 84 | 82 | 85 | 86 |

| 98 | 100 | 97 | 99 |

 꼭꼭   먼저 왼쪽의 수보다 묶음의 수가 더 작은 수를 찾게 하고, 묶음의 수가 같으면 낱개의 수가 더 작은 수를 찾게 합니다.

3주 더하기 1 : (1~9)+1

학습 체크표 매일 학습이 끝나면 채점을 하고 체크표를 작성하여 나의 실력을 알아보세요.

차시	단계	공부한 날		잘 했나요?			
25차시		월	일	☺	☺	😐	😣
26차시		월	일	☺	☺	😐	😣
27차시		월	일	☺	☺	😐	😣
28차시		월	일	☺	☺	😐	😣
29차시	1단계	월	일	☺	☺	😐	😣
30차시		월	일	☺	☺	😐	😣
31차시		월	일	☺	☺	😐	😣
32차시		월	일	☺	☺	😐	😣
33차시	2단계	월	일	☺	☺	😐	😣
34차시		월	일	☺	☺	😐	😣
35차시	3단계	월	일	☺	☺	😐	😣
36차시		월	일	☺	☺	😐	😣

틀린 개수가

0~1 개이면 ☺ (아주 잘함)에, 2~3개이면 ☺ (잘함)에,

4~5개이면 😐 (보통)에, 6개 이상이면 😣 (노력 바람)에 색칠해 주세요.

만화로 개념 알아보기

학습목표 더하기 기호와 개념 이해를 바탕으로 다음의 수와 더하기 1의 관계를 알고 능숙하게 계산할 수 있습니다.

너하고 안 놀아!

나도 안 놀아! 흥!!

아이고! 저 둘이 또 싸우네.

둘이 함께 있게 할 방법이 없을까?

그거라면 걱정 마! 내가 있잖아!

 안에 다음의 수를 쓰세요.

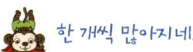 한 개씩 많아지네.

1   다음의 수 →   2   다음의 수 →   3   다음의 수 →   4   다음의 수 →   5

(1) 1 → ☐   (2) 2 → ☐

(3) 3 → ☐   (4) 4 → ☐

6   다음의 수 →   7   다음의 수 →   8   다음의 수 →   9   다음의 수 →   10

(5) 6 → ☐   (6) 7 → ☐

(7) 8 → ☐   (8) 9 → ☐

 안에 다음의 수를 쓰세요.

(9) 3 +1 →

(10) 4 +1 →

(11) 5 +1 →

(12) 6 +1 →

(13) 1 +1 →

(14) 7 +1 →

(15) 4 +1 →

(16) 8 +1 →

(17) 2 +1 →

(18) 9 +1 →

(19) 6 +1 →

(20) 3 +1 →

3 주

✚　□ 안에 다음의 수를 쓰고, 덧셈을 하세요.

(1)

1　→다음의 수　2

1 + 1 = 2

일 더하기 일 은 　이

(2)

다음의 수는 더하기 1과 같아요.

2　+1→　□

2 + 1 = □

이 더하기 일 은

(3)

3　+1→　□

3 + 1 = □

삼 더하기 일 은

(4)

4　+1→　□

4 + 1 = □

사 더하기 일 은

(5)

5　+1→　□

5 + 1 = □

오 더하기 일 은

(6)

6　+1→　□

6 + 1 = □

육 더하기 일 은

꼭꼭　수의 차례에서 다음의 수는 수가 1씩 커지므로 더하기 1을 하는 것과 같습니다.

✿ ☐ 안에 다음의 수를 쓰세요.

(7) 6

6 + 1 = ☐

(8) 7  ☐

7 + 1 = ☐

(9) 8

8 + 1 = ☐

(10) 9 ☐

9 + 1 = ☐

(11) 4 ☐

4 + 1 = ☐

(12) 2  ☐

2 + 1 = ☐

(13) 3 → ☐

3 + 1 = ☐

(14) 5 → ☐

5 + 1 = ☐

🟢 수를 모아 ☐ 안에 알맞은 수를 쓰고, 덧셈을 하세요.

1과 1을 모으면
1보다 1 큰 수가 돼요.

$1 + 1 = 2$

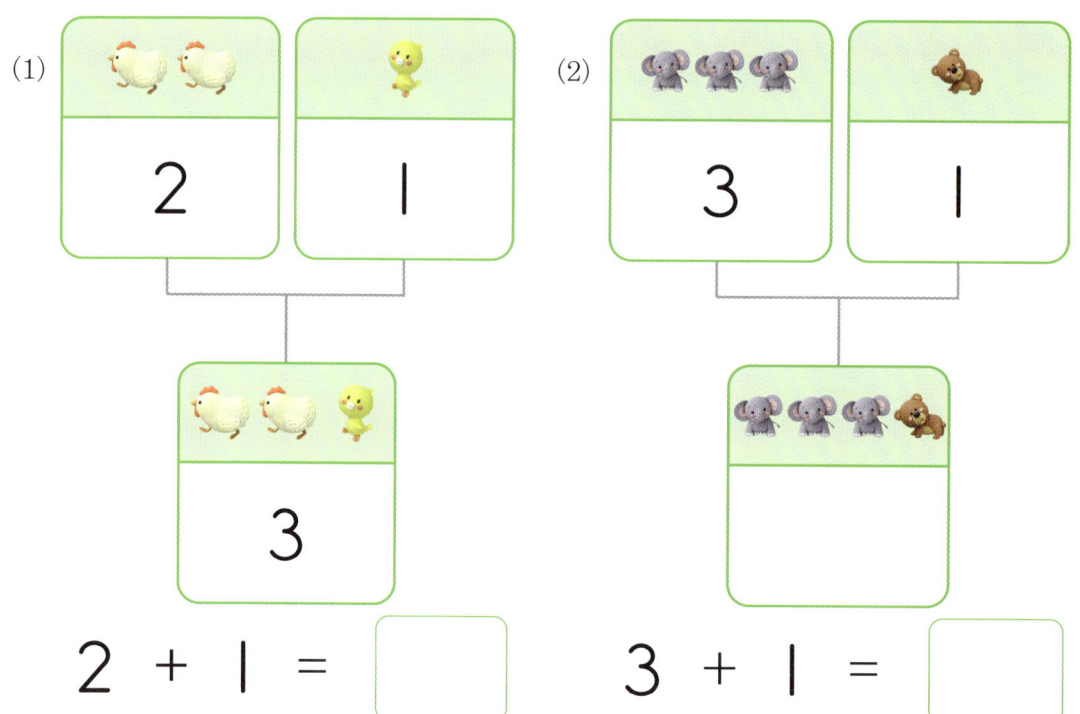

(1) $2 + 1 =$ ☐

(2) $3 + 1 =$ ☐

  두 수를 모으는 것은 더하기의 기초 학습으로 두 수를 합하는 것과 같습니다. 두 수 중 한 수가 1인 경우 두 수를 모으면 어떤 수가 되는지 알아봅니다.

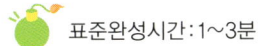

공부한 날   월   일

수를 모아 ☐ 안에 알맞은 수를 쓰고, 덧셈을 하세요.

(3)

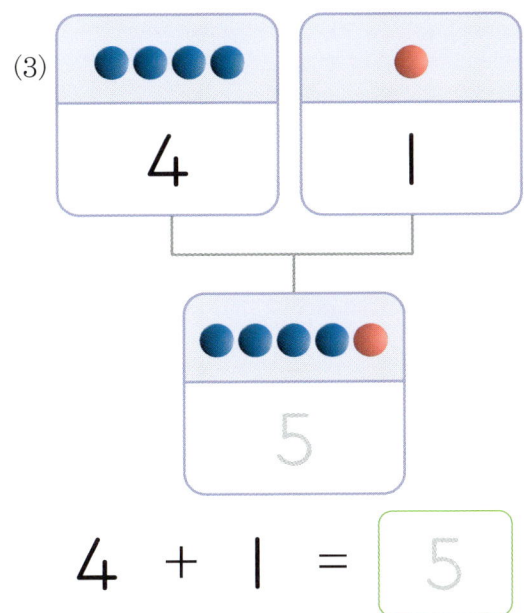

$4 + 1 = 5$

(4)

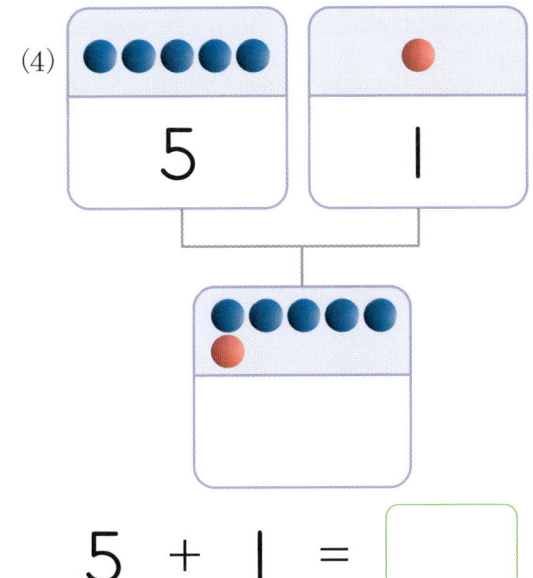

$5 + 1 = $

(5)

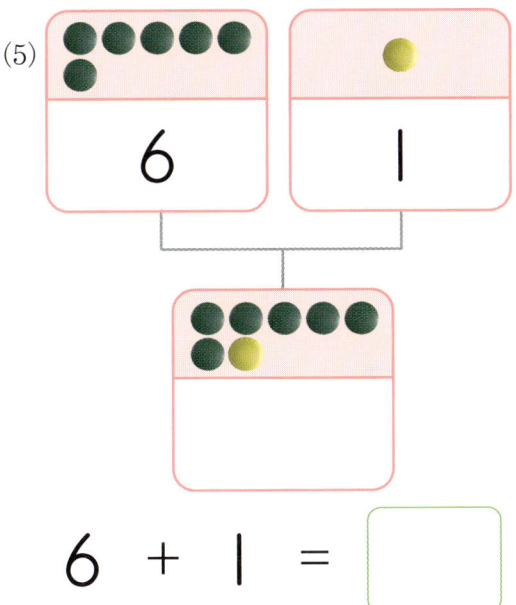

$6 + 1 = $

(6)

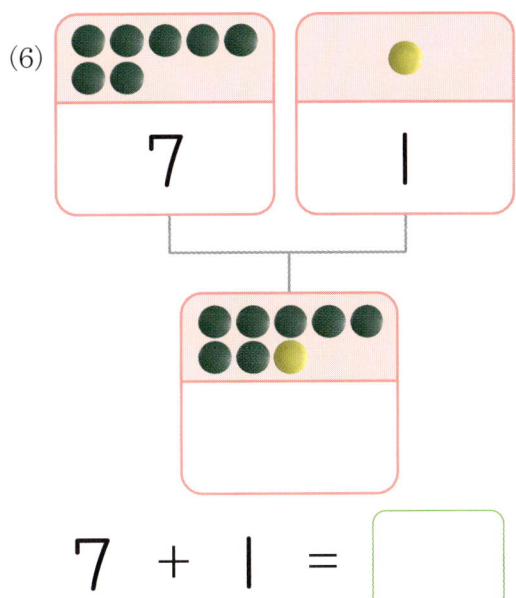

$7 + 1 = $

A5 73

⊕ 다음 덧셈을 하세요.

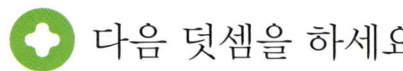

(1) Ⅰ + Ⅰ = [2]
일   더하기   일   은

*1에 1을 더하면 1보다
1 큰 수인 2가 돼요.
'일 더하기 일은 이와
같습니다.' 라고 읽어요.

(2) 2 + Ⅰ = [ ]
이   더하기   일   은

(3) 3 + Ⅰ = [ ]
삼   더하기   일   은

(4) 4 + Ⅰ = [ ]
사   더하기   일   은

(5) 5 + Ⅰ = [ ]
오   더하기   일   은

 꼭꼭 어떤 수에 Ⅰ을 더하면 수의 차례에서 다음의 수가 됩니다. 블록이나 구체물을 이용하여 더하기 Ⅰ
을 연습하게 합니다.

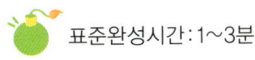
 다음 덧셈을 하세요.

(6)　5　+　1　=　☐
　오　더하기　일　은

(7)　6　+　1　=　☐
　육　더하기　일　은

(8)　7　+　1　=　☐
　칠　더하기　일　은

(9)　8　+　1　=　☐
　팔　더하기　일　은

(10)　9　+　1　=　☐
　구　더하기　일　은

➕ 다음 덧셈을 하세요.

(1) $9 + 1 = \boxed{}$

(2) $8 + 1 = \boxed{}$

(3) $7 + 1 = \boxed{}$

(4) $6 + 1 = \boxed{}$

(5) $5 + 1 = \boxed{}$

(6) $4 + 1 = \boxed{}$

(7) $3 + 1 = \boxed{}$

(8) $2 + 1 = \boxed{}$

(9) $1 + 1 = \boxed{}$

(10) $7 + 1 = \boxed{}$

(11) $8 + 1 = \boxed{}$

(12) $9 + 1 = \boxed{}$

(13) $2 + 1 = \boxed{}$

(14) $5 + 1 = \boxed{}$

○ 다음 덧셈을 하세요.

(15) 2 + 1 = ☐

(16) 3 + 1 = ☐

(17) 1 + 1 = ☐

(18) 4 + 1 = ☐

(19) 8 + 1 = ☐

(20) 7 + 1 = ☐

(21) 5 + 1 = ☐

(22) 6 + 1 = ☐

(23) 4 + 1 = ☐

(24) 8 + 1 = ☐

(25) 2 + 1 = ☐

(26) 9 + 1 = ☐

(27) 3 + 1 = ☐

(28) 5 + 1 = ☐

(29) 6 + 1 = ☐

➕ 다음 덧셈을 하세요.

(1) 1 + 1 = ☐

(2) 4 + 1 = ☐

(3) 3 + 1 = ☐

(4) 2 + 1 = ☐

(5) 5 + 1 = ☐

(6) 7 + 1 = ☐

(7) 6 + 1 = ☐

(8) 8 + 1 = ☐

 손가락으로 세지 않고도 알 수 있지.

(9) 9 + 1 = ☐

(10) 5 + 1 = ☐

(11) 4 + 1 = ☐

(12) 6 + 1 = ☐

(13) 7 + 1 = ☐

(14) 3 + 1 = ☐

(15) 8 + 1 = ☐

(16) 2 + 1 = ☐

✿ 같은 것끼리 줄로 이으세요.

5 + 1 •   • 8

3 + 1 •   • 6

7 + 1 •   • 4

9 + 1 •   • 7

6 + 1 •   • 10

➕ 다음 덧셈을 하세요.

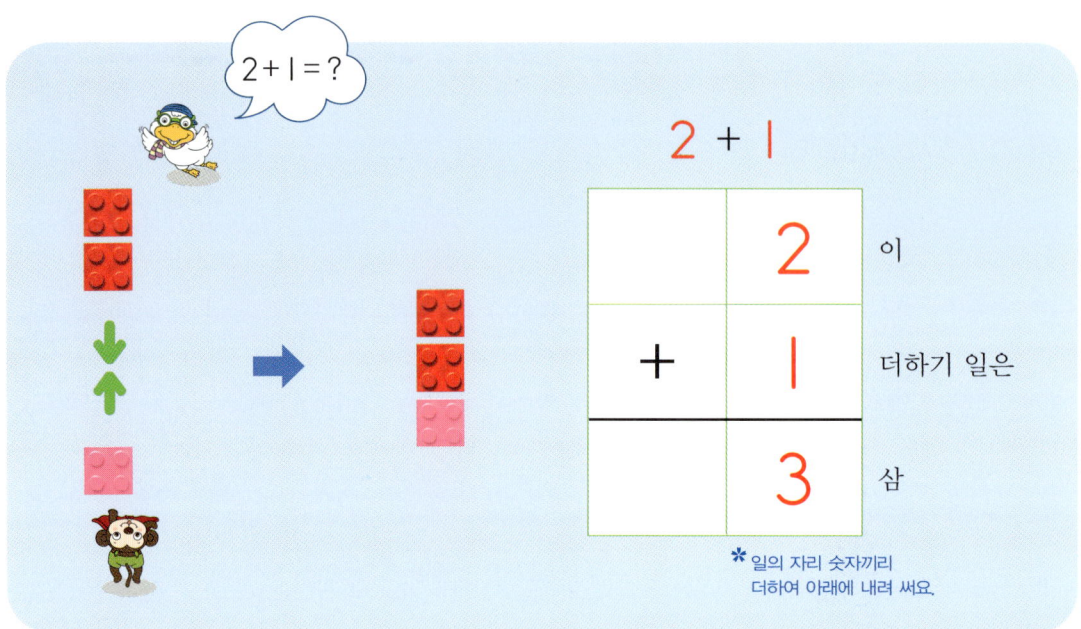

2+1=?

2 + 1

	2	이
+	1	더하기 일은
	3	삼

＊일의 자리 숫자끼리
더하여 아래에 내려 써요.

(1) 1 + 1
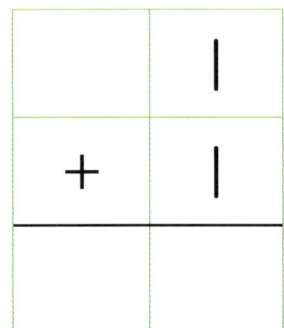

	1
+	1

(2) 3 + 1

	3
+	1

(3) 4 + 1

	4
+	1

 더하기 1을 세로셈으로 익혀 봅니다. 두 수를 더하여 바로 아래 내려 쓰게 합니다. 처음 배우는 세로셈이므로 '2+1=3'의 세로셈 식 위에 아이가 따라 써 본 다음, 문제를 풀게 합니다.

✚ 다음 덧셈을 하세요.

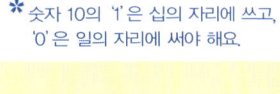 * 숫자 10의 '1'은 십의 자리에 쓰고, '0'은 일의 자리에 써야 해요.

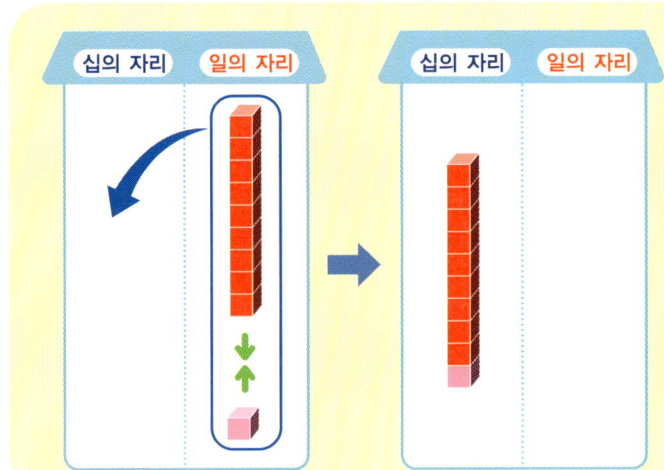

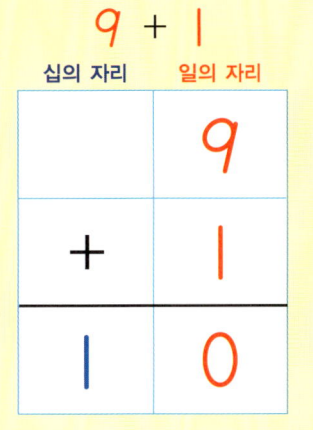

9 + 1

십의 자리	일의 자리
	9
+	1
1	0

 3주

(4)　8 + 1

	8
+	1

(5)　2 + 1

	2
+	1

(6)　5 + 1

	5
+	1

(7)　7 + 1

	7
+	1

(8)　4 + 1

	4
+	1

(9)　6 + 1

	6
+	1

 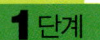

 다음 덧셈을 하세요.

(1)

	3
+	1

(2)

	1
+	1

(3)

	2
+	1

(4)

	6
+	1

(5)

	4
+	1

(6)

	7
+	1

(7)

	8
+	1

(8)

	5
+	1

(9)

	9
+	1

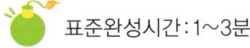
 다음 덧셈을 하세요.

(10)
$$\begin{array}{r} 3 \\ +\ 1 \\ \hline \end{array}$$

(11)
$$\begin{array}{r} 5 \\ +\ 1 \\ \hline \end{array}$$

(12)
$$\begin{array}{r} 2 \\ +\ 1 \\ \hline \end{array}$$

(13)
$$\begin{array}{r} 4 \\ +\ 1 \\ \hline \end{array}$$

(14)
$$\begin{array}{r} 7 \\ +\ 1 \\ \hline \end{array}$$

(15)
$$\begin{array}{r} 6 \\ +\ 1 \\ \hline \end{array}$$

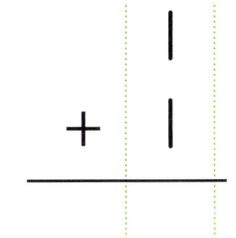 십의 자리와 일의 자리를 구분해서 써야 해.

(16)
$$\begin{array}{r} 1 \\ +\ 1 \\ \hline \end{array}$$

(17)
$$\begin{array}{r} 9 \\ +\ 1 \\ \hline \end{array}$$

(18)
$$\begin{array}{r} 8 \\ +\ 1 \\ \hline \end{array}$$

(19)
$$\begin{array}{r} 5 \\ +\ 1 \\ \hline \end{array}$$

(20)
$$\begin{array}{r} 6 \\ +\ 1 \\ \hline \end{array}$$

(21)
$$\begin{array}{r} 3 \\ +\ 1 \\ \hline \end{array}$$

💠 다음 덧셈을 하세요.

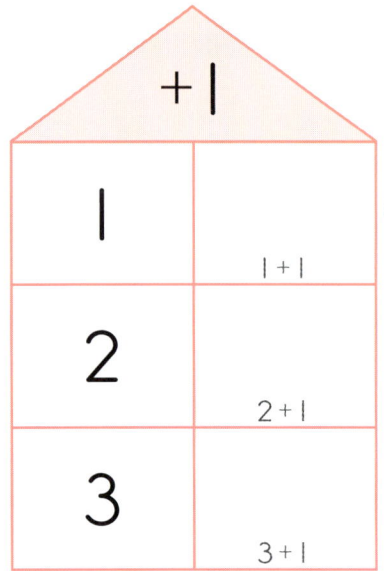

+1	
1	1+1
2	2+1
3	3+1

세로의 수 1에 가로의 수 1을 더해요.

+1	
4	
5	
6	

+1	
7	
8	
9	

+1	
3	
2	
5	

꼭꼭   가로셈과 세로셈을 변형한 덧셈이므로 식을 세우지 않고 세로의 수에 1을 더하여 빈칸에 쓰게 합니다.

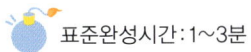
 다음 덧셈을 하세요.

+	1
3	3 + 1
5	5 + 1
7	7 + 1
4	4 + 1
2	2 + 1
6	6 + 1
1	1 + 1

세로의 수 3에
가로의 수 1을
더해요.

+	1
8	
1	
9	
7	
6	
5	
4	

 3주

다음 덧셈을 하세요.

+	9	8	7	6
1				
	9+1	8+1	7+1	6+1

가로의 수 9에
세로의 수 1을 더해요.

+	5	4	3	2
1				

+	1	3	5	7
1				

 꼭꼭 아이가 식을 세우지 않고 풀기 어려워하면 빈칸 아래에 식을 쓰고 풀어 보게 합니다.

○ 다음 덧셈을 하세요.

+	5	2	1	4	7	6
1	5+1	2+1	1+1	4+1	7+1	6+1

가로의 수 5에
세로의 수 1을 더해요.

+	4	3	8	1	9	5
1						

+	2	7	9	6	3	8
1						

35차시 더하기 1 : (1〜9)+1

➕ 그림에 알맞은 덧셈식을 찾아 색칠하세요.

3 + 1 = 4	2 + 1 = 3	1 + 1 = 2

4 + 1 = 5	5 + 1 = 6	6 + 1 = 7

 꼭꼭 "문어 3마리가 놀고 있는데 1마리가 더 놀러 왔어요."하며 이야기를 꾸며 보고, 개수에 알맞은 덧셈식을 찾게 합니다.

➕ 그림에 알맞은 덧셈식을 찾아 ◯표 하세요.

| $3 + 1 = 4$ | $7 + 1 = 8$ | $5 + 1 = 6$ |

| $6 + 1 = 7$ | $5 + 1 = 6$ | $4 + 1 = 5$ |

| $7 + 1 = 8$ | $6 + 1 = 7$ | $8 + 1 = 9$ |

✚ 그림을 잘 보고, ☐ 안에 알맞은 수를 쓰세요.

더하는 수가 몇일까?

$3 + \boxed{} = 4$

$4 + \boxed{} = 5$

$5 + \boxed{} = 6$

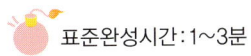

➕ 덧셈을 하고, 계산 결과가 더 큰 덧셈식에 ◯표 하세요.

2 + 1 = ☐   4 + 1 = ☐

더해지는 수   더하는 수

5 + 1 = ☐   6 + 1 = ☐

9 + 1 = ☐   8 + 1 = ☐

3 + 1 = ☐   7 + 1 = ☐

3주

4주 더하기 1 : (1~19)+1

학습 체크표 매일 학습이 끝나면 채점을 하고 체크표를 작성하여 나의 실력을 알아보세요.

차시	단계	공부한 날	잘 했나요?			
37차시	1단계	월 일	😊	🙂	😑	😣
38차시		월 일	😊	🙂	😑	😣
39차시		월 일	😊	🙂	😑	😣
40차시		월 일	😊	🙂	😑	😣
41차시		월 일	😊	🙂	😑	😣
42차시		월 일	😊	🙂	😑	😣
43차시		월 일	😊	🙂	😑	😣
44차시		월 일	😊	🙂	😑	😣
45차시	2단계	월 일	😊	🙂	😑	😣
46차시		월 일	😊	🙂	😑	😣
47차시	3단계	월 일	😊	🙂	😑	😣
48차시		월 일	😊	🙂	😑	😣

틀린 개수가

0~1 개이면 😊 (아주 잘함)에, 2~3 개이면 🙂 (잘함)에,

4~5 개이면 😑 (보통)에, 6개 이상이면 😣 (노력 바람)에 색칠해 주세요.

학습목표 다음의 수와 수 모으기 개념을 통해 더하기 1을 능숙하게 계산할 수 있습니다.

4주

➕  안에 다음의 수를 쓰고, 덧셈을 하세요.

(1) 10 　다음의 수 →　11

10 + 1 = 11

십　더하기　일　은　　십일

(2) 11　+1 →　☐

11 + 1 = ☐

십일　더하기　일　　은

(3) 12　+1 →　☐

12 + 1 = ☐

십이　더하기　일　　은

(4) 13　+1 →　☐

13 + 1 = ☐

십삼　더하기　일　　은

(5) 14　+1 →　☐

14 + 1 = ☐

십사　더하기　일　　은

(6) 15　+1 →　☐

15 + 1 = ☐

십오　더하기　일　　은

 꼭꼭　수의 차례에서 다음의 수는 1 큰 수이며, 어떤 수에 더하기 1을 하는 것과 같음을 알게 합니다.

□ 안에 다음의 수를 쓰고, 덧셈을 하세요.

(7) 15 [+1] →　[　]

15 + 1 = [　]

(8) 16 [+1] →　[　]

16 + 1 = [　]

(9) 17 [+1] →　[　]

17 + 1 = [　]

(10) 18 [+1] →　[　]

18 + 1 = [　]

(11) 19 [+1] →　[　]

19 + 1 = [　]

(12) 11 [+1] →　[　]

11 + 1 = [　]

(13) 13 [+1] →　[　]

13 + 1 = [　]

(14) 12 [+1] →　[　]

12 + 1 = [　]

4주

✿ 수를 모아 ☐ 안에 알맞은 수를 쓰고, 덧셈을 하세요.

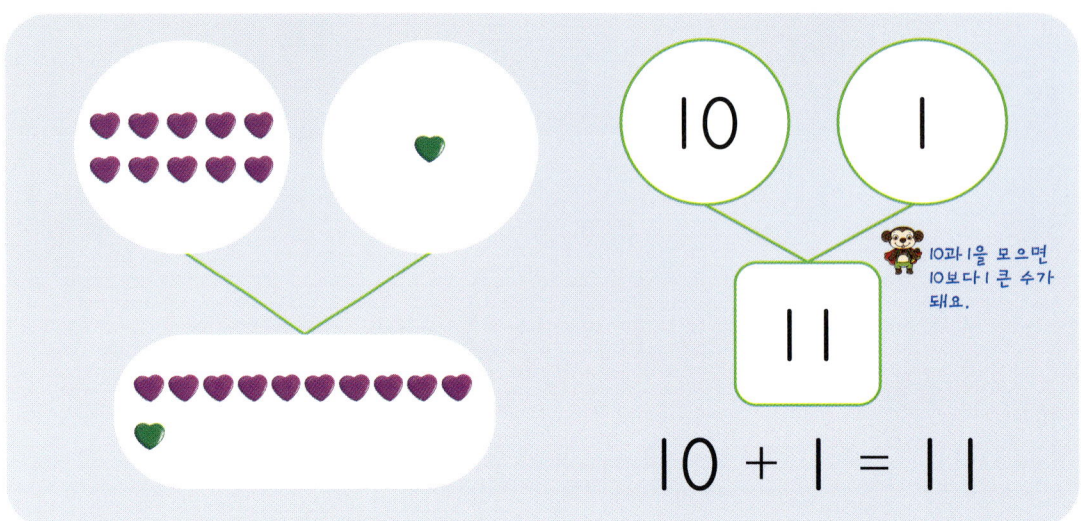

10 + 1 = 11

(1)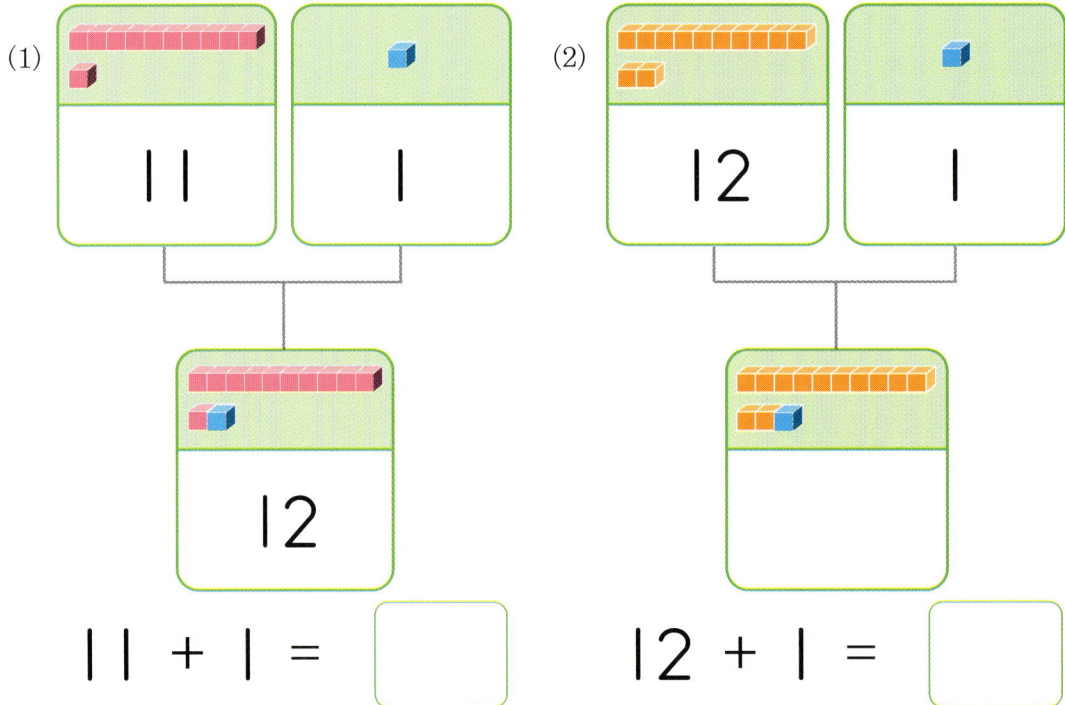

11 + 1 = ☐

(2)

12 + 1 = ☐

➕ 수를 모아 ☐ 안에 알맞은 수를 쓰고, 덧셈을 하세요.

(3)
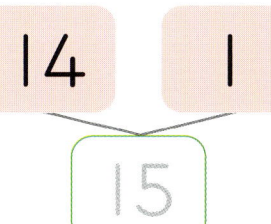

14 + 1 = 15

(4)

16 + 1 = ☐

(5)
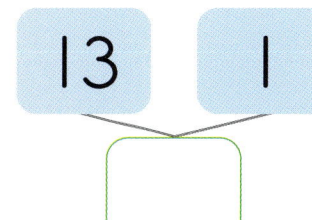

13 + 1 = ☐

(6)

18 + 1 = ☐

(7)

15 　 1

15 + 1 = ☐

(8)
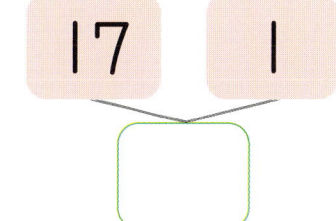

17 + 1 = ☐

➕ 다음 덧셈을 하세요.

(1) **19** + **1** = [ ]
십구   더하기   일   은

❋ 19에 1을 더한 수는 19보다 1 큰 수와 같아요.

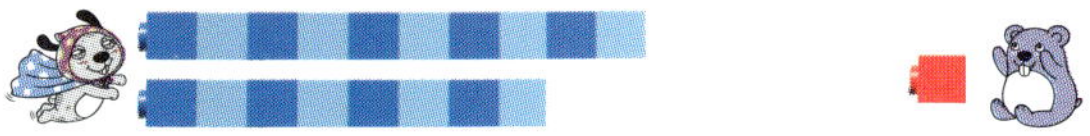

(2) **18** + **1** = [ ]
십팔   더하기   일   은

(3) **17** + **1** = [ ]
십칠   더하기   일   은

(4) **16** + **1** = [ ]
십육   더하기   일   은

(5) **15** + **1** = [ ]
십오   더하기   일   은

 꼭꼭 십몇에 더하기 1을 하면 수가 1씩 커진다는 것을 알 수 있도록 블록을 이용하여 더하기 1을 충분히 연습해 봅니다.

다음 덧셈을 하세요.

(6) $14 + 1 = \boxed{}$

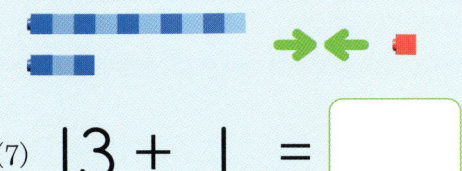

(7) $13 + 1 = \boxed{}$

(8) $12 + 1 = \boxed{}$

(9) $11 + 1 = \boxed{}$

(10) $16 + 1 = \boxed{}$

(11) $14 + 1 = \boxed{}$

(12) $12 + 1 = \boxed{}$

(13) $17 + 1 = \boxed{}$

(14) $11 + 1 = \boxed{}$

(15) $10 + 1 = \boxed{}$

(16) $18 + 1 = \boxed{}$

(17) $19 + 1 = \boxed{}$

(18) $15 + 1 = \boxed{}$

(19) $13 + 1 = \boxed{}$

 계산식만으로 더하기 1을 하기 전에 구체물이나 블록을 이용하여 충분한 연습을 하게 합니다.

 다음 덧셈을 하세요.

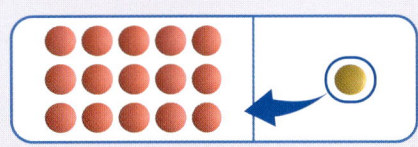

(1) 15 + 1 =

(2) 13 + 1 =

(3) 16 + 1 =

(4) 12 + 1 =

(5) 10 + 1 =

(6) 14 + 1 =

(7) 17 + 1 =

(8) 18 + 1 =

(9) 11 + 1 =

(10) 19 + 1 =

(11) 12 + 1 =

(12) 13 + 1 =

(13) 16 + 1 =

(14) 15 + 1 =

(15) 18 + 1 =

➕ 다음 덧셈을 하세요.

(16) 2 + 1 =

(17) 4 + 1 =

(18) 6 + 1 =

(19) 9 + 1 =

(20) 5 + 1 =

(21) 8 + 1 =

(22) 10 + 1 =

(23) 15 + 1 =

(24) 13 + 1 =

(25) 17 + 1 =

(26) 19 + 1 =

(27) 11 + 1 =

(28) 12 + 1 =

(29) 14 + 1 =

(30) 18 + 1 =

(31) 16 + 1 =

✿ 다음 덧셈을 하세요.

(1) | + | = ☐

| + | = ||

1에 1을 더하여 오른쪽에 써요.

| | + | = ☐

⑩ | + | = ⑩ ||

십의 자리 숫자 1은 일의 자리 숫자 왼쪽에 써요.

(2) 2 + 1 = ☐

12 + 1 = ☐

(3) 3 + 1 = ☐

13 + 1 = ☐

(4) 4 + 1 = ☐

14 + 1 = ☐

(5) 5 + 1 = ☐

15 + 1 = ☐

(6) 6 + 1 = ☐

16 + 1 = ☐

(7) 7 + 1 = ☐

17 + 1 = ☐

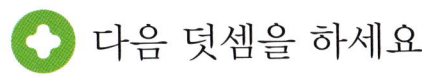 다음 덧셈을 하세요.

(8)　8 + 1 = ☐
　　18 + 1 = ☐

(9)　9 + 1 = ☐
　　19 + 1 = ☐

(10)　7 + 1 = ☐

(11)　5 + 1 = ☐

(12)　15 + 1 = ☐

(13)　10 + 1 = ☐

(14)　14 + 1 = ☐

(15)　12 + 1 = ☐

(16)　11 + 1 = ☐

(17)　13 + 1 = ☐

(18)　18 + 1 = ☐

(19)　17 + 1 = ☐

(20)　16 + 1 = ☐

(21)　19 + 1 = ☐

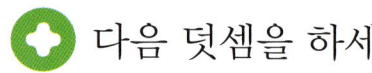 다음 덧셈을 하세요.

(1) 6 + 1 = ☐

(2) 8 + 1 = ☐

(3) 5 + 1 = ☐

(4) 9 + 1 = ☐

(5) 4 + 1 = ☐

(6) 7 + 1 = ☐

(7) 10 + 1 = ☐

(8) 13 + 1 = ☐

(9) 15 + 1 = ☐

(10) 12 + 1 = ☐

(11) 17 + 1 = ☐

(12) 16 + 1 = ☐

(13) 18 + 1 = ☐

(14) 14 + 1 = ☐

(15) 19 + 1 = ☐

(16) 11 + 1 = ☐

 다음 덧셈을 하세요.

(17) 4 + 1 = ☐

(18) 3 + 1 = ☐

(19) 5 + 1 = ☐

(20) 8 + 1 = ☐

(21) 7 + 1 = ☐

(22) 9 + 1 = ☐

(23) 12 + 1 = ☐

(24) 14 + 1 = ☐

(25) 11 + 1 = ☐

(26) 18 + 1 = ☐

(27) 16 + 1 = ☐

(28) 10 + 1 = ☐

(29) 15 + 1 = ☐

(30) 17 + 1 = ☐

(31) 19 + 1 = ☐

(32) 13 + 1 = ☐

 다음 덧셈을 하세요.

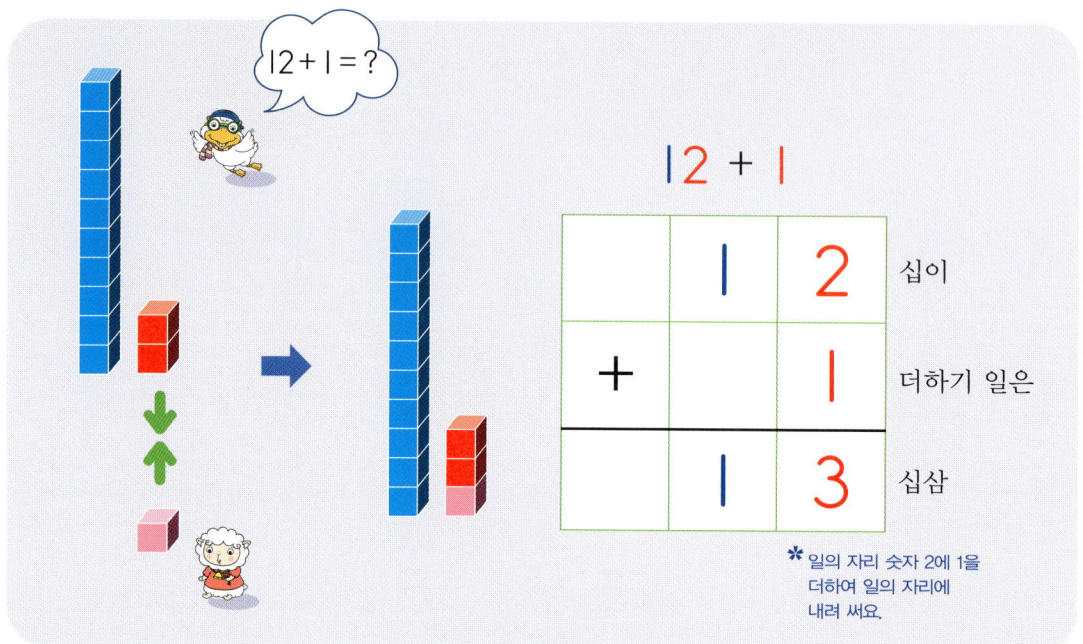

* 0에 1을 더하면 그대로 더하는 수 1이 돼요.

(1) **1 0 + 1**

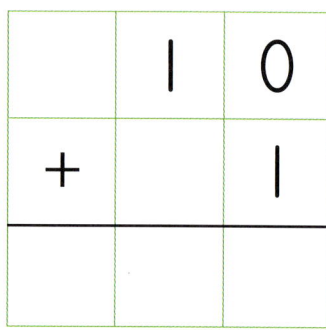

(2) **1 1 + 1**

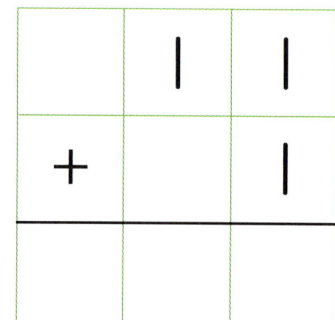

(3) **1 3 + 1**

 세로셈으로 덧셈을 할 때는 자릿수를 잘 맞춰서 답을 쓰게 합니다. 일의 자리 숫자끼리 더하여 일의 자리에 쓰고, 십의 자리 숫자는 그대로 내려서 십의 자리에 씁니다.

😊 다음 덧셈을 하세요.

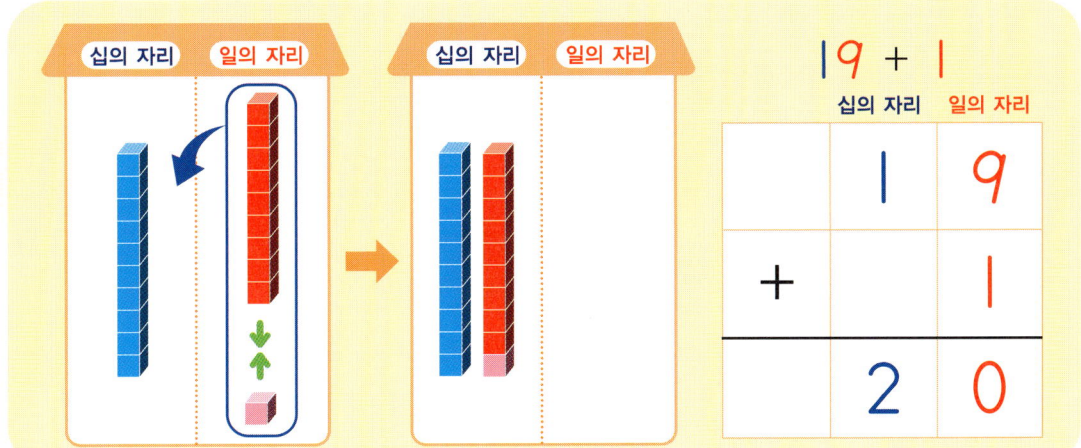

(4) 13 + 1
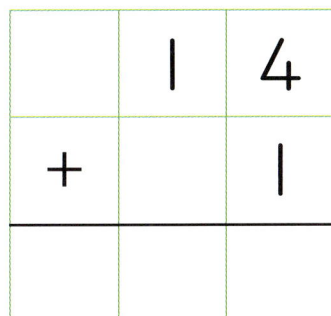

(5) 14 + 1

(6) 15 + 1
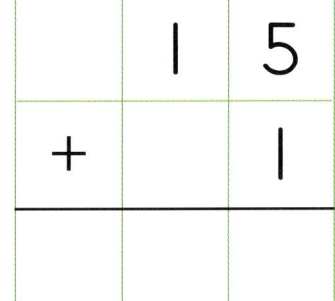

(7) 16 + 1
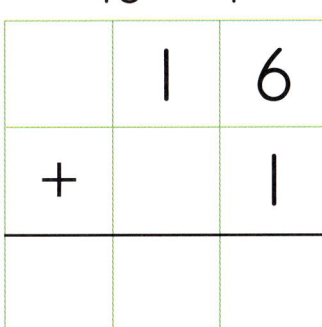

(8) 17 + 1

(9) 18 + 1
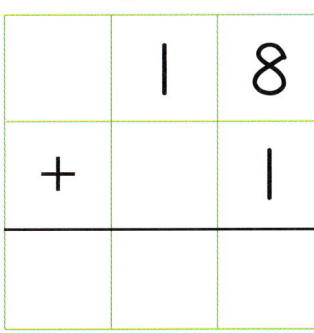

 다음 덧셈을 하세요.

(1)

		7
+		1

(2)

	1	3
+		1

(3)

		5
+		1

(4)

	1	5
+		1

(5)

	1	2
+		1

(6)

	1	7
+		1

(7)

	1	6
+		1

(8)

	1	9
+		1

(9)

	1	8
+		1

● 다음 덧셈을 하세요.

(10)
$$\begin{array}{r} 4 \\ +\ 1 \\ \hline \end{array}$$

(11)
$$\begin{array}{r} 6 \\ +\ 1 \\ \hline \end{array}$$

(12)
$$\begin{array}{r} 8 \\ +\ 1 \\ \hline \end{array}$$

(13)
$$\begin{array}{r} 1\ 2 \\ +\quad 1 \\ \hline \end{array}$$

(14)
$$\begin{array}{r} 1\ 5 \\ +\quad 1 \\ \hline \end{array}$$

(15)
$$\begin{array}{r} 1\ 3 \\ +\quad 1 \\ \hline \end{array}$$

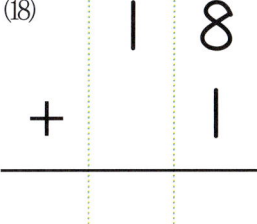

(16)
$$\begin{array}{r} 1\ 1 \\ +\quad 1 \\ \hline \end{array}$$

(17)
$$\begin{array}{r} 1\ 4 \\ +\quad 1 \\ \hline \end{array}$$

(18)
$$\begin{array}{r} 1\ 8 \\ +\quad 1 \\ \hline \end{array}$$

(19)
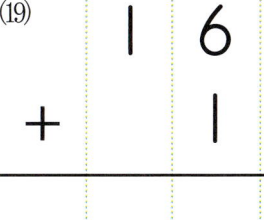
$$\begin{array}{r} 1\ 6 \\ +\quad 1 \\ \hline \end{array}$$

(20)
$$\begin{array}{r} 1\ 7 \\ +\quad 1 \\ \hline \end{array}$$

(21)
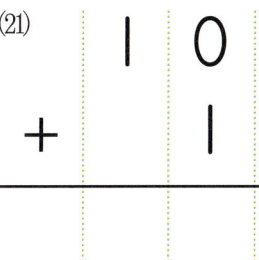
$$\begin{array}{r} 1\ 0 \\ +\quad 1 \\ \hline \end{array}$$

 다음 덧셈을 하세요.

+1

10	10+1
11	11+1
12	12+1

세로의 수 10에 가로의 수 1을 더해요.

+1

13	
14	
15	

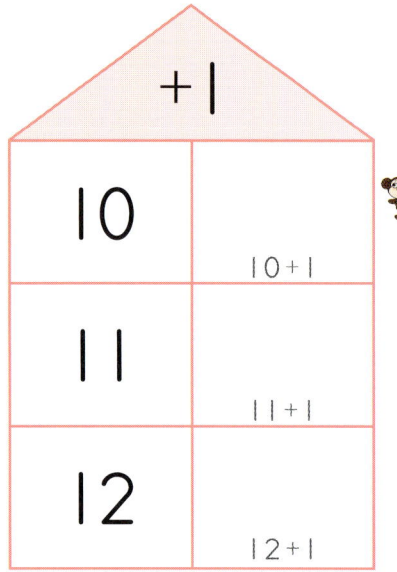

+1

16	
17	
18	

+1

19	
9	
7	

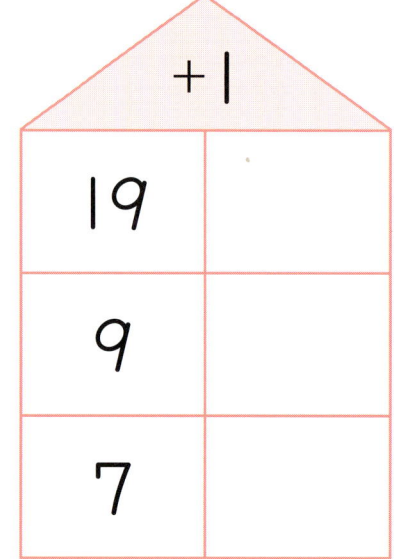

 어떤 수에 1을 더한 수는 어떤 수의 다음의 수와 같으므로 '10+1은?'하면서 바로 답이 나오도록 합니다.

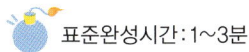
✚ 다음 덧셈을 하세요.

+	l
18	18 + 1
11	11 + 1
16	16 + 1
13	13 + 1
15	15 + 1
10	10 + 1
12	12 + 1

세로의 수 18에
가로의 수 1을
더해요.

+	l
17	
14	
19	
7	
6	
8	
5	

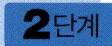

💠 다음 덧셈을 하세요.

+	19	18	17	16
1				
	19+1	18+1	17+1	16+1

가로의 수 19에
세로의 수 1을 더해요.

+	15	14	13	12
1				

+	11	10	9	8
1				

 꼭꼭　가로의 수에 세로의 수 1을 더하여 씁니다. 두 수를 바꾸어 더해도 답은 같지만 큰 수에 작은 수를 더하는 것이 더 쉽다는 것을 알게 합니다.

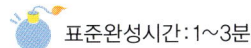
➕ 다음 덧셈을 하세요.

+	12	14	9	8	10	11
1	12+1	14+1	9+1	8+1	10+1	11+1

가로의 수 12에
세로의 수 1을 더해요.

4주

+	17	3	18	19	7	13
1						

+	5	16	19	6	10	15
1						

➕ 그림에 알맞은 덧셈식을 찾아 색칠하세요.

| $10 + 1 = 11$ | $8 + 1 = 9$ | $12 + 1 = 13$ |

| $12 + 1 = 13$ | $9 + 1 = 10$ | $13 + 1 = 14$ |

 꼭꼭   그림을 보며 개수를 세어 보고, 재미있게 이야기를 꾸며 보게 합니다. 헬리콥터 10대가 있는데 1 대가 더 와서 모두 몇 대가 되었는지 개수를 세어 이야기를 만들어 봅니다.

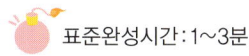
✚ 그림에 알맞은 덧셈식을 찾아 ◯표 하세요.

| $10+1=11$ | $7+1=8$ | $9+1=10$ |

4주

| $16+1=17$ | $15+1=16$ | $14+1=15$ |

| $13+1=14$ | $16+1=17$ | $18+1=19$ |

➕ 식이 완성되도록 ◯를 그리고, ☐ 안에 알맞은 수를 쓰세요.

$14 +$ ☐ $= 15$

15개가 되려면 ◯를
몇 개 더 그려야 할까?

$16 +$ ☐ $= 17$

$18 +$ ☐ $= 19$

 더하는 수 ☐를 알려면 더해지는 수에 몇을 더해야 답을 구할 수 있는지 알아보면 됩니다. 구하는
답이 되도록 ◯를 그려 보게 합니다.

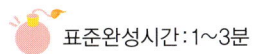

➕ 덧셈을 하고, 계산 결과가 더 큰 덧셈식에 ○표 하세요.

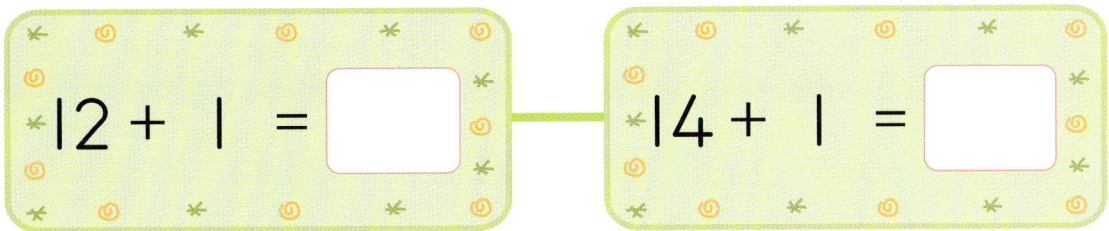

12 + 1 = ☐　　　14 + 1 = ☐

10 + 1 = ☐　　　9 + 1 = ☐

 **4**주

16 + 1 = ☐　　　18 + 1 = ☐

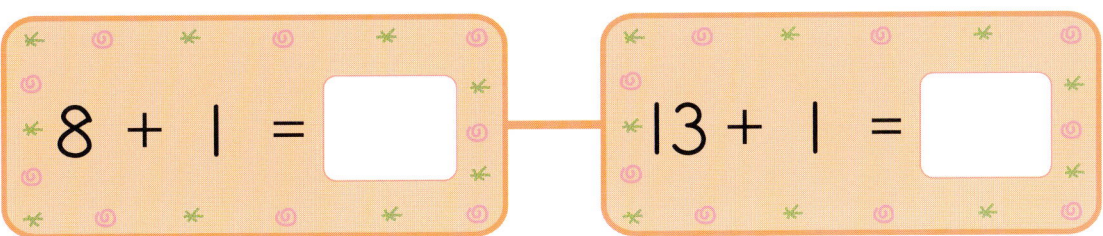

8 + 1 = ☐　　　13 + 1 = ☐

 꼭꼭　더하는 수가 같으면 더해지는 수가 클수록 더 큰 덧셈식이라는 것을 알려 주어 답을 쓰기 전에 더 큰 덧셈식을 찾아본 다음, 덧셈 결과를 확인해 봅니다.

◆ 개수를 세어 보고, ☐ 안에 알맞은 수를 쓰세요.

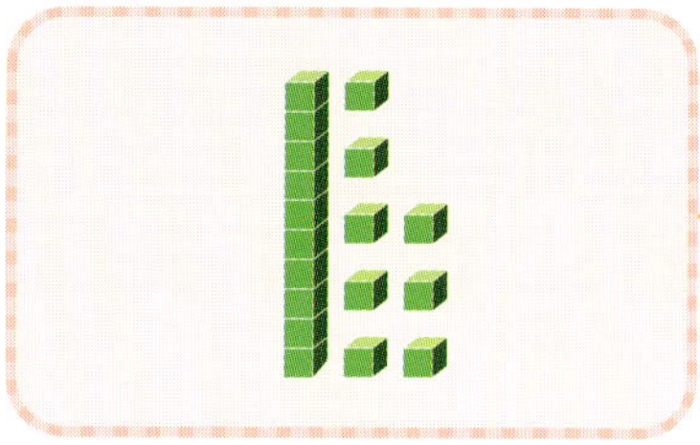

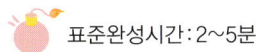
표준완성시간 : 2~5분

채점을 하고, 틀린 개수에 맞게 ○하세요

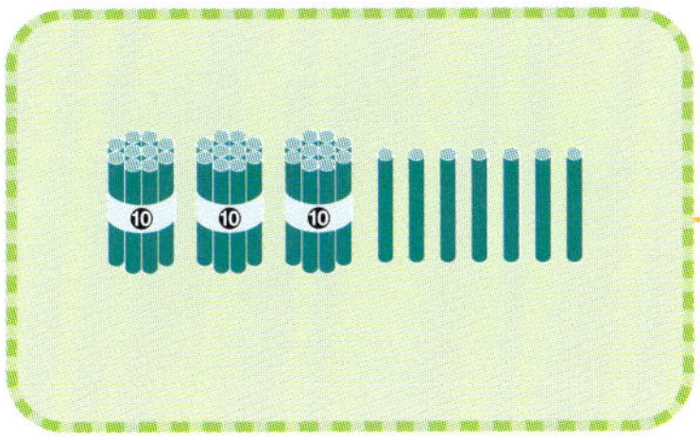

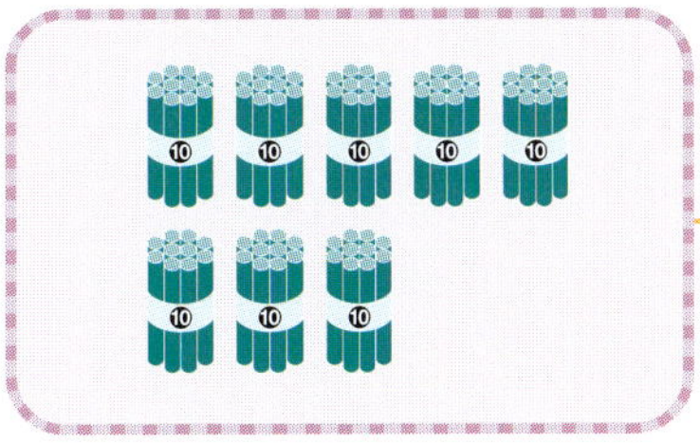

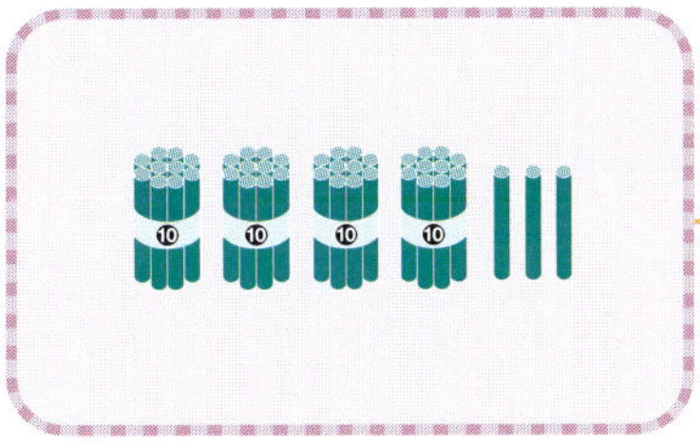

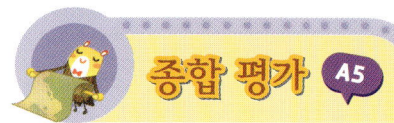

 다음 덧셈을 하세요.

(1) 14 + 1 = ☐   (2) 5 + 1 = ☐

(3) 3 + 1 = ☐   (4) 12 + 1 = ☐

(5) 10 + 1 = ☐   (6) 13 + 1 = ☐

(7) 15 + 1 = ☐   (8) 17 + 1 = ☐

(9)
```
    7
  + 1
―――――
```

(10)
```
    9
  + 1
―――――
```

(11)
```
  1 1
  + 1
―――――
```

(12)
```
  1 4
  + 1
―――――
```

(13)
```
  1 8
  + 1
―――――
```

(14)
```
  1 6
  + 1
―――――
```

정답 및 지도서

자르는 선을 따라 잘라 보관하여, 채점할 때 사용하세요.

정답 및 지도서 A5

1주 71~100 수 익히기

지도 방법

❶ 71부터 100까지 10개씩 묶음의 수와 낱개의 수로 양을 보여 주면서 숫자를 따라 쓰고 읽어 보게 하여 수와 양 개념을 이해할 수 있게 해 주세요. 특히 100은 10개씩 묶음의 수가 두 자리라는 점에 유의하여 지도해 주세요.

❷ 10 이상의 수를 일일이 세는 것은 시간도 오래 걸리고 그 수를 정확하게 세는 것도 어렵습니다. 몇십을 10묶음으로 학습하면 아이가 몇십의 개념을 더욱 쉽고 빠르게 이해할 수 있습니다. 묶음의 수와 낱개의 수 개념을 통해 큰 수에 익숙해지도록 지도해 주세요.

❸ 숫자를 인식한다는 것은 숫자의 모양이 서로 다르다는 것을 시각적으로 구별하며 그 이름을 기억하고 순서대로 나열할 수 있는 것을 뜻합니다. 수의 순서를 바르게 알고 순서대로 나열하여 특정 수의 위치를 정확히 인식할 수 있도록 지도해 주세요.

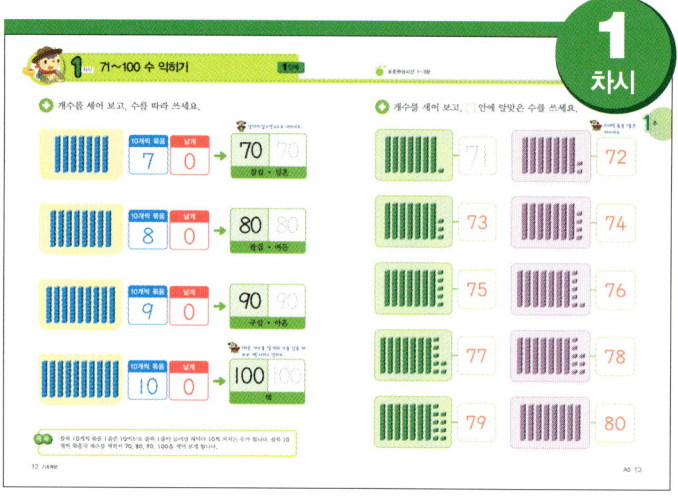

12 ~ 13쪽

- 70, 80, 90, 100은 10개씩 묶음 이 하나씩 계속 늘어나는 거지?
- 100은 10개씩 묶음이 10개가 있 는 거란다.

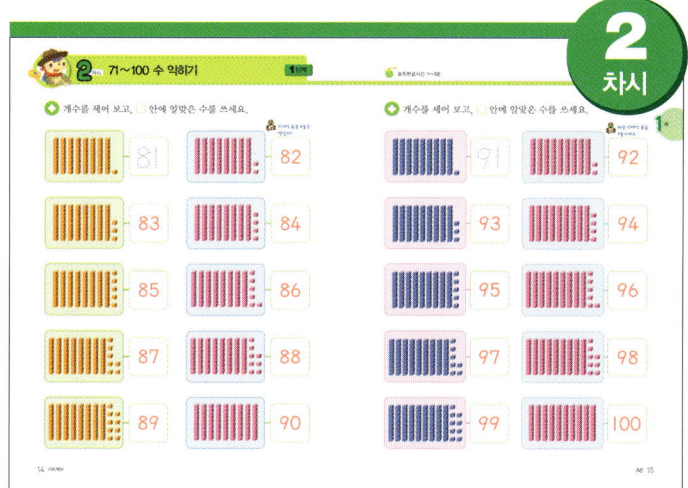

14 ~ 15쪽

• 큰 수를 셀 때 하나 하나 세게 되면 시간도 오래 걸리고 잘못 셀 수도 있단다. 10개씩 묶음과 낱개의 수로 세면 빠르고 정확하게 셀 수 있단다.

16 ~ 17쪽

• 수수깡이 무척 많아 보이지?

• 묶음의 수로 세면 빠르고 정확하게 셀 수 있단다.

• 10개씩 묶음이 7개면 70이라고 했지? 낱개는 몇 개 있니?

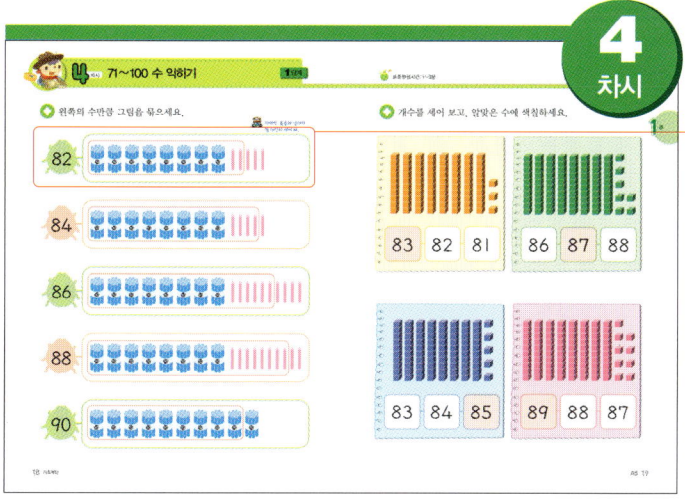

18 ~ 19쪽

• 82를 읽어 볼래?(팔십이 · 여든둘)

• 여든두 개만큼 수수깡을 묶으려면 10개씩 묶음이 몇 개 필요하지?

• 낱개는 몇 개가 필요하지?

• 맞게 묶었는지 다시 한 번 세어 볼까?

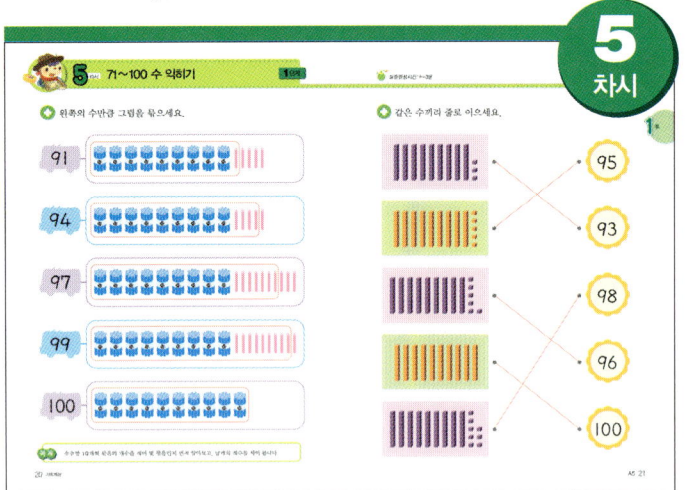

20~21쪽

- 블록의 개수와 같은 수를 연결하는 문제구나. 오른쪽에 있는 수를 보렴. 95, 93, 98, 96은 묶음의 수가 몇 개지? 그래. 묶음이 9개 있는 수들이란다. 10개씩 묶음 개수는 같고 낱개 개수만 다르겠구나.

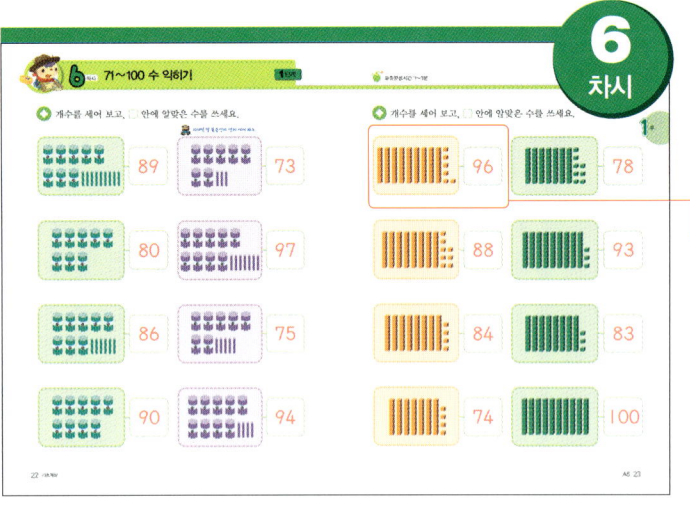

22~23쪽

- 블록들이 10개씩 묶여 있구나. 10개씩 묶음의 수와 낱개의 수를 세어 보면 되겠구나.
- 쓴 숫자를 두 가지 방법으로 읽어 볼래? 숫자 '96'은 구십육과 아흔여섯으로 읽으면 돼.
- 세는 말은 아직 익숙하지 않으니까 자주 읽어 보아야 한단다.

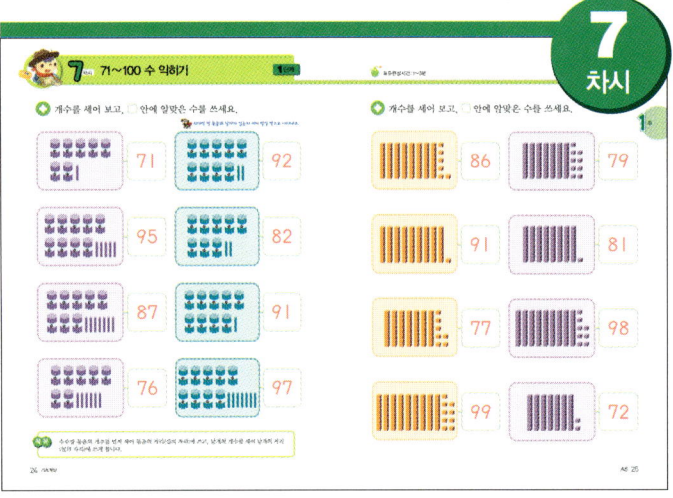

24~25쪽

- 10개씩 묶어서 세어 볼래?
- 10개씩 묶음이 몇 개 나오니? 나머지 낱개는 몇 개지? 그럼 어떤 수가 될까?

26 ~ 27쪽

• 95는 10개씩 묶음이 몇 개 있는 거지?

• 10개씩 묶음이 9개 있으면 구십, 아흔이라고 읽는다고 했지?

• 95는 낱개가 몇 개 있니?

• 95를 두 가지 방법으로 읽어 볼래?

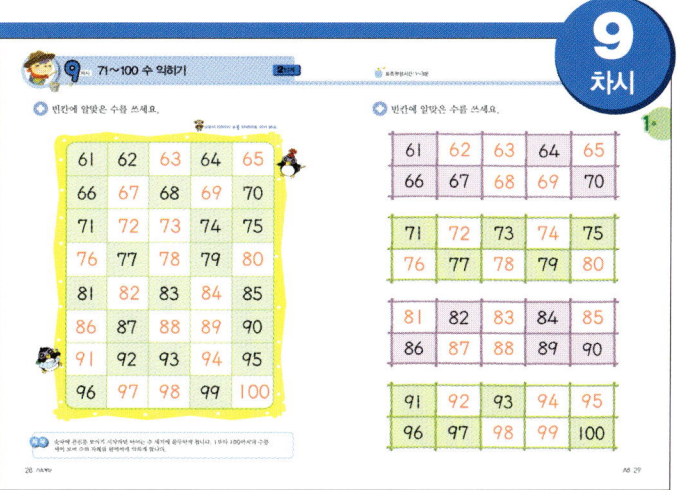

28 ~ 29쪽

• 61부터 100까지의 수를 천천히 세어 보면서 빈칸에 알맞은 수를 써 보자.

• 다 썼으면 다시 한 번 읽어 볼래?

• 이번에는 수를 보지 않고 61부터 100까지의 수를 말해 볼래?

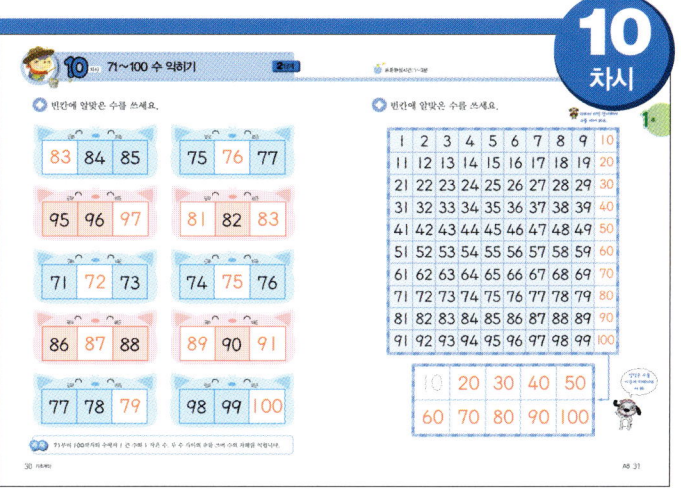

30 ~ 31쪽

• 1부터 100까지의 숫자 판에서 재미있는 규칙을 찾아보자.

• 일의 자리에 3이 들어가는 수들을 찾아볼까? 3, 13, 23, 33, ······.

• 십의 자리에 3이 들어가는 수도 찾아볼래? 일의 자리에 0이 들어가는 수는 어디에 있을까?

32~33쪽

- 82와 78 중에 어느 수가 더 큰지 수만 보고 알 수 있겠니?
- 먼저 10개씩 묶음의 수인 8과 7을 비교해 보렴. 어느 수가 더 크니? 묶음의 수가 큰 쪽이 더 큰 수란다.
- 낱개의 수가 크더라도 10개씩 묶음의 수가 작으면 더 작은 수가 된단다.

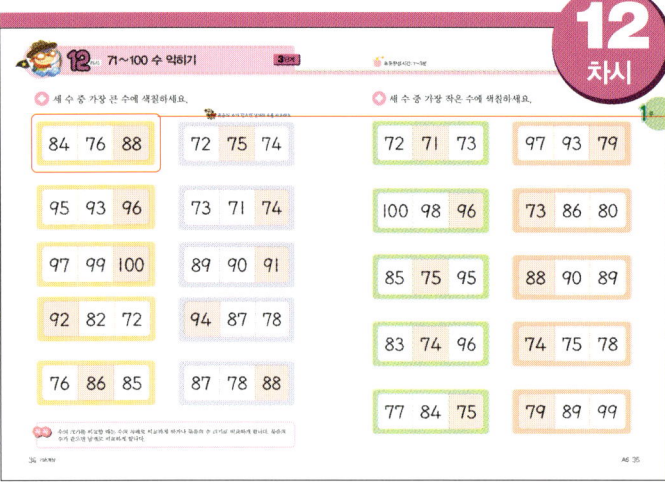

34~35쪽

- 먼저 10개씩 묶음의 수를 비교해 보자. 84와 88이 76보다 큰 수일까, 작은 수일까?
- 84와 88처럼 묶음의 수가 같으면 낱개의 수를 비교하여 더 큰 쪽이 큰 수가 된단다.
- 큰 수부터 차례대로 읽어 볼래?

체크 포인트

1. 아이는 계속되는 학습과 큰 수에 대한 부담감으로 인해 수 학습을 지루해 할 수 있습니다. 10개씩 묶음 블록과 낱개 블록을 주어진 수만큼 쌓기, 정해진 범위의 수를 정확히 빨리 세기 등과 같이 다양한 놀이를 통해 흥미롭게 학습을 이끌어 주세요.

2. 똑바로 세기, 거꾸로 세기, 제시한 특정 범위의 수 세기, 2씩 뛰어 세기, 10씩 뛰어 세기 등 다양한 방법으로 매일 꾸준히 수 세기 연습을 해 주세요. 반복 연습을 통해 얻은 자신감은 아이의 학습에 큰 밑거름이 됩니다.

2주 1~100 종합

지도 방법

① 1~100을 세어 보게 하여 수의 계열성을 이해하고 있는지 알아보고 더 나아가 개수 세어 수량 비교하기, 수끼리 크기 비교하기, 거꾸로 세기 등을 통해 좀더 수준 높은 학습으로 확장시켜 주세요.

② 1부터 100까지 한꺼번에 수를 세게 되면 시간이 많이 걸려 아이가 지루해 할 수 있습니다. 35부터 51까지 세기와 같이 특정 범위 수 세기, '9 다음의 수는? 39 다음의 수는?'과 같이 10 단위가 바뀌는 수 부분 물어 보기처럼 아이의 학습 부담을 줄여 주면서 계열성인지 여부를 꾸준히 확인해 주세요.

③ 수 학습은 반복을 통해 이해하는 것이 중요합니다. 한 줄에 10칸씩 10줄 있는 표를 만든 다음, 1~100의 수를 써 보게 하고 수가 오른쪽으로 갈수록 1씩 커지고, 아래로 갈수록 10씩 커지는 규칙을 자연스럽게 알 수 있도록 지도해 주세요.

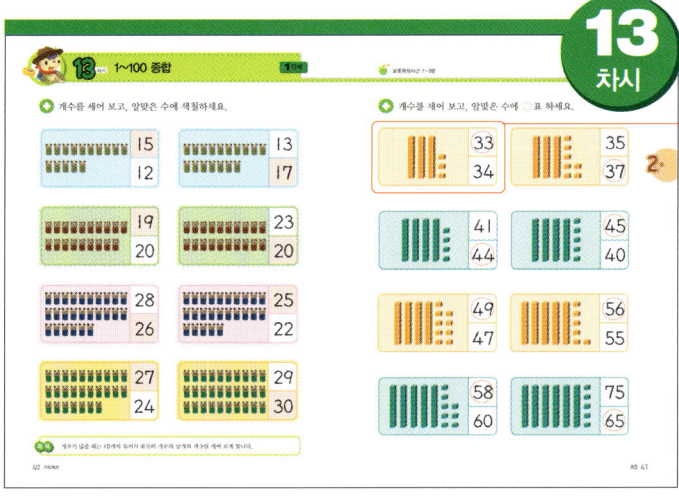

13 차시

40~41쪽

- 블록 1줄은 10개씩이니까 묶음의 수를 먼저 세어 보고, 낱개의 수를 세어 보자.
- 10개씩 묶음 3개에 낱개가 3개면 33이란다.
- 다음 문제도 같은 방법으로 풀어 보자.

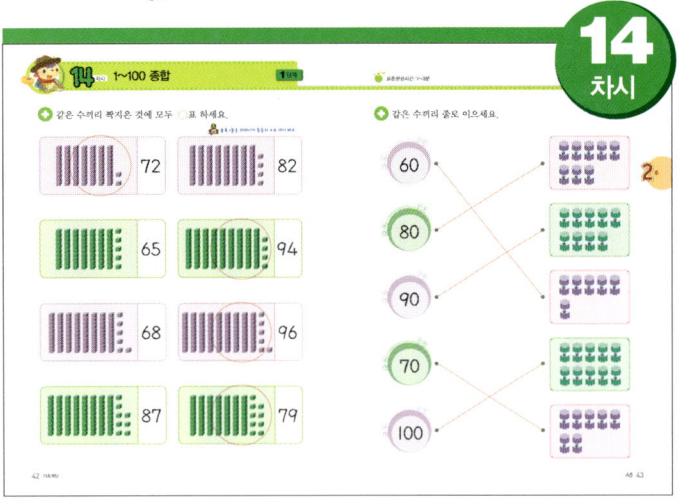

42 ~ 43쪽

- 60, 80, 90, 70, 100은 10개씩 묶음이 몇 개씩 있는 거지?

- 그래, 6개, 8개, 9개, 7개, 10개가 있지?

- 수수깡 10개씩 묶음의 수를 세어 보면 간단하게 알 수 있단다. 묶음의 수를 세어 보렴.

44 ~ 45쪽

- 10개씩 묶음이 몇 개, 낱개가 몇 개인지 각각 세어서 써 보자.

- 10개씩 묶음은 십의 자리 수이고, 낱개는 일의 자리 수란다.

- 어떤 수를 썼는지 읽어 볼래?

46 ~ 47쪽

- 블록이 몇 개인지 짐작해 볼 수 있겠니?

- 10개씩 묶음 블록이 몇 개지?

- 낱개 블록이 몇 개지?

- 10개씩 묶음 블록이 4개니까 40이구나. 낱개가 6개니까 블록은 모두 몇 개가 되지?

48 ~ 49쪽

- 99를 읽어 볼래?

- 99는 10개씩 묶음이 몇 개 있는 거지?

- 낱개는 몇 개일까?

- 99보다 1 큰 수는 몇이지? 그래, 99 다음의 수를 알아보면 돼.

50 ~ 51쪽

- 블록이 몇 개인지 세어 볼까?

- 세야 할 것이 10개보다 많으면 10 개씩 묶어서 세면 쉽게 셀 수 있단 다.

- 빈칸에 쓴 수들을 이십삼, 스물 셋과 같이 두 가지 방법으로 읽어 볼래?

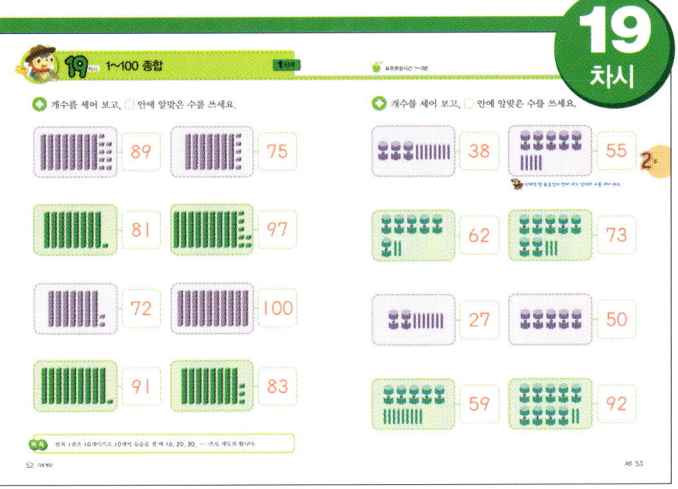

52 ~ 53쪽

- 수수깡이 가장 많아 보이는 것을 짚어 볼래?

- 10개씩 묶음과 낱개가 각각 몇 개인지 하나씩 세어 보자.

54 ~ 55쪽

- 51부터 100까지 순서대로 점을 이어서 그림을 완성하는 문제구나.

- 점을 잇기 전에 51부터 100까지 엄마와 같이 세어 볼까?

- 51부터 100까지 틀리지 않고 이어야 그림이 완성되겠지? 어려우면 연습장에 51부터 100까지 써 보자.

56 ~ 57쪽

- 숫자 7이 들어간 수를 찾아보자.

- 낱개가 7인 수부터 찾아볼까? (7, 17, 27, 37, ……, 97.)

- 10개씩 묶음이 7인 수를 찾아보자. (70, 71, 72, 73, ……, 79.)

- 이번에는 30부터 21까지 거꾸로 세면서 빈칸에 빠진 수를 써 보자.

- 거꾸로 세는 수는 1씩 작아지는 수란다. 천천히 세어 보자.

58 ~ 59쪽

- 1부터 100까지 순서대로 세어 볼까? 건너뛰거나 빠뜨리는 수가 있으면 안 돼.

- 14, 15, 18, 16, 17이 수의 순서대로 되어 있는지 14부터 차례대로 세어 보면서 확인해 보자.

- 수의 순서가 바르지 않은 것을 ○○가 아래 쪽에 바르게 써 줄래?

60~61쪽

- 75, 86, 91 중에 가장 큰 수는 어느 수일까?

- 10개씩 묶음이 가장 큰 수는 어느 수일까?

- 가장 작은 수는 어느 수일까? 10개씩 묶음이 가장 작은 수를 찾으면 되겠지?

62~63쪽

- 59, 55, 57 중에 56보다 작은 수를 찾는 문제구나.

- 수만 보고 찾을 수 있겠니?

- 10개씩 묶음이 5로 모두 같으니까 낱개의 수만 비교해 보면 되겠구나. 어려우면 51부터 60의 수를 연습장에 써서 알아보자.

체크 포인트

❶ 다양한 응용 문제를 풀면서 수를 종합적으로 이해하도록 합니다. 아이가 수를 어느 정도 이해하고 있는지 파악한 후, 부족한 부분을 보충해 주고, 알고 있는 부분은 확실히 다질 수 있도록 다양한 문제를 접하게 해 주세요.

❷ 1부터 100까지 묶음과 낱개 학습을 하면서 지금까지 배운 수를 다시 한 번 정리하게 하여 개념을 확실하게 다져 주세요. 100 이상의 큰 수를 이해하는 기초가 됩니다.

❸ 10씩 뛰어 세기를 통해 수의 순서를 통합적으로 파악할 수 있게 지도해 주세요.

❹ 수를 차례대로 셀 때 '다음의 수' 개념을 함께 다루어 주면 앞으로 배울 더하기를 이해하는 데 도움이 됩니다.

3주 더하기 1 : (1~9)+1

지도 방법

❶ 연산의 기본이 되는 더하기 1은 어떤 수의 '다음의 수'와 같다는 개념을 이해하고, 다양한 문제를 통해 (1~9)+1의 기초를 다짐과 동시에 수의 계열을 확실히 알 수 있도록 지도해 주세요.

❷ 아이가 더하기를 처음 접하므로 어려워할 수 있습니다. 더하기는 수 모으기와 같다는 것을 알려 주시고 구체물이나 아이가 좋아하는 물건을 가지고 더하기의 개념을 알기 쉽게 설명해 주세요.

❸ 아이가 1~10의 수 세기를 막힘 없이 잘하면, 순서대로 1부터 하나씩 수를 불러 주면서 불러 준 수의 '다음의 수'를 말하는 구두 테스트를 수시로 해 주세요.

❹ 덧셈식을 보고 엄마와 함께 덧셈 이야기를 만들어 보면서 좀더 쉽고 재미있게 학습을 하도록 이끌어 주세요.

68~69쪽

- 6 다음의 수는? 8 다음의 수는?
- ○가 점점 많아지고 있니? 적어지고 있니?
- 몇 개씩 많아지고 있니?
- 엄마가 부르는 수의 다음의 수를 말해 볼래?

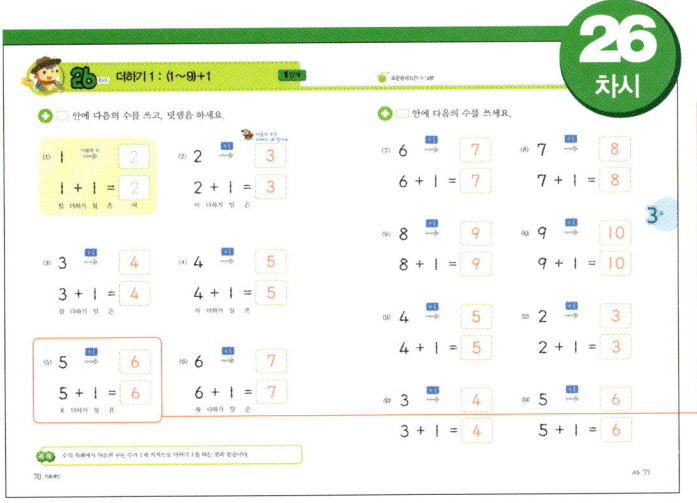

26 차시

70 ~ 71쪽

- 5 다음의 수는 몇이니? 다음의 수는 몇이 커지는 거지? '+' 기호는 앞의 수와 뒤의 수를 더하라는 표시란다.

- 더하기 1은 다음의 수와 같으니 5+1은 5 다음의 수인 6과 같겠지?

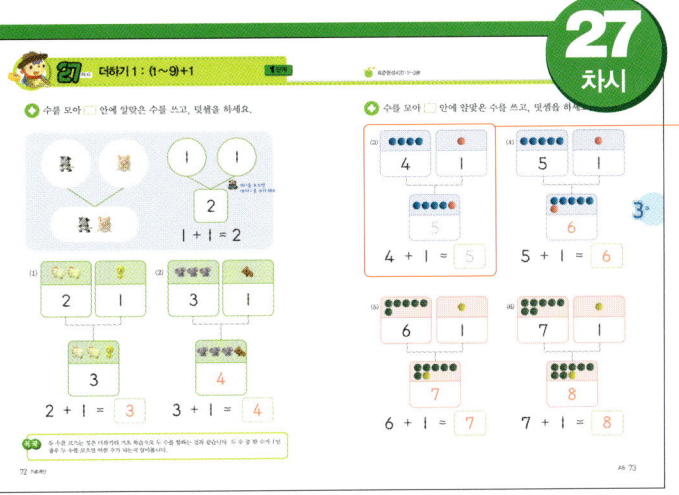

27 차시

72 ~ 73쪽

- 네 개와 한 개를 모으면 모두 몇 개가 될까? 하나, 둘, 셋, 넷, 다섯. 모두 다섯 개가 된단다.

- 두 수를 모아 모두 몇 개인지 알아볼 때에 더하기를 사용하면 쉽게 계산할 수 있단다.

- 4+1은 4 다음의 수인 5와 같으니 4+1=5가 된단다.

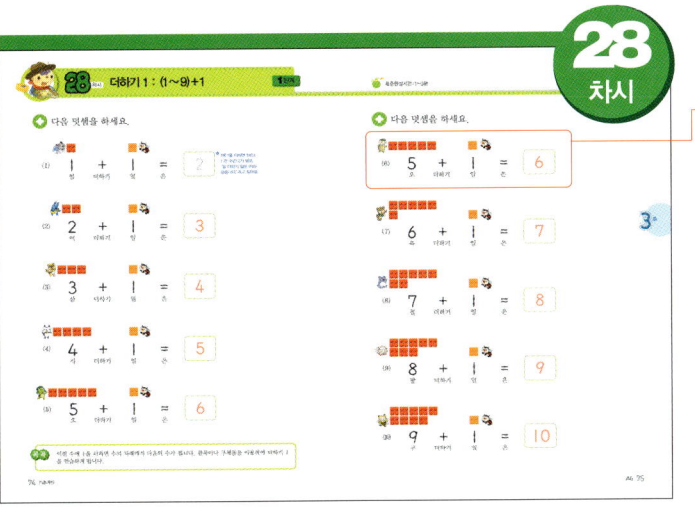

28 차시

74 ~ 75쪽

- 왼쪽에 블록이 몇 개 있는지 세어 볼래?

- 오른쪽에 있는 블록은 몇 개인지 세어 볼래?

- 블록이 모두 몇 개일까?

- '5+1=6'은 '오 더하기 일은 육과 같습니다.' 라고 읽는단다.

29 차시

76~77쪽

- 덧셈식만 보고 더하기 1 문제를 풀 수 있겠니?
- 덧셈식만 보고 풀기 어려우면 수만큼 동그라미를 그려 보거나 다음의 수로 풀어 보렴.
- 덧셈식을 큰 소리로 읽어 보자.

30 차시

78~79쪽

- 지금까지 엄마와 덧셈식을 푸는 여러 가지 방법을 배웠지?
- 더하기 1은 어떤 수의 다음 수와 같고, 1 큰 수와도 같지. 또, 두 수를 모아서 나온 수가 답이 됐지? 여러 가지 방법 중에 ○○가 쉬운 방법으로 풀어 볼래?

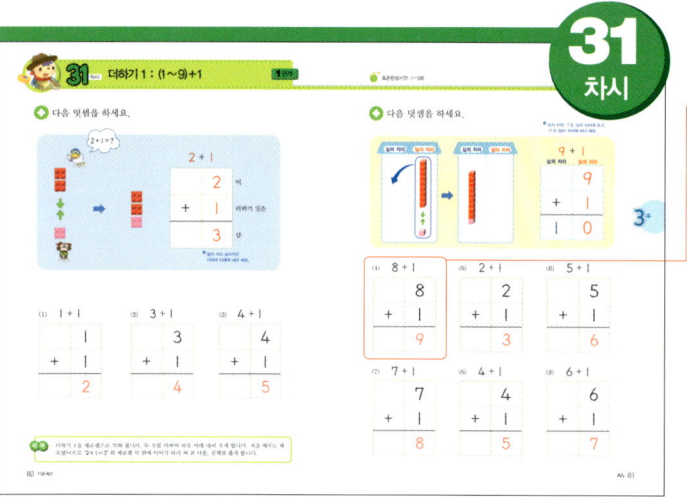

31 차시

80~81쪽

- 8+1을 세로셈으로 풀어 보자.
- 세로셈도 가로셈과 똑같단다.
- 두 수를 모은 수나, 다음의 수를 쓰면 된단다.
- 8 다음의 수는 몇이었지? 그럼 8+1은 얼마일까?

82 ~ 83쪽

- 덧셈식만 보고 답이 떠오르는 것이 있니?

- 답이 잘 생각나지 않을 때에는 동그라미를 그 수만큼 그려서 풀어보렴.

- 또, 다음의 수나 1 큰 수를 생각해서 풀어 보자.

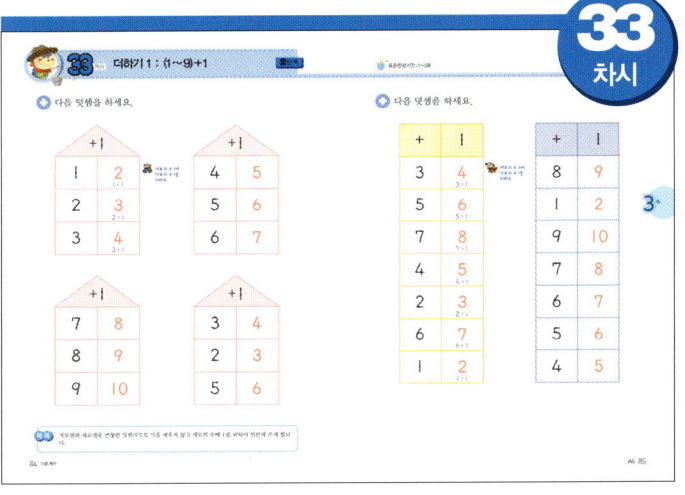

84 ~ 85쪽

- 세로의 수에 더하기 1을 하는 문제야.

- 1 큰 수나 다음의 수를 생각하면 빨리 풀 수 있겠지?

- 다 풀었으면 답의 다음의 수도 옆에 써 볼래?

86 ~ 87쪽

- 이번에는 엄마가 불러 주는 수에 더하기 1을 해서 풀어 보자.

- 5, 2, 1, 4, 7, 6.(아이의 계산 속도에 맞춰 천천히 불러 줍니다.)

- 답이 잘 생각나지 않는 문제는 엄마랑 ○를 그려서 알아보자.

88~89쪽

- 해마 5마리가 놀고 있는데 같이 놀자고 해마 1마리가 더 왔어. 해마는 모두 몇 마리가 되었니?
- 덧셈식으로 나타내어 보고, 덧셈식을 읽어 보자.

90~91쪽

- 8 다음의 수와 9 다음의 수 중 어느 수가 더 클까?
- 그럼 9+1과 8+1 중 어느 쪽 계산 결과가 더 클까? 직접 풀어서 확인하자.
- 8 다음의 수가 9니까 9에 더하기 1을 한 10이 더 크겠지?
- 이처럼 어떤 두 수에 똑같이 1을 더하면 더해지는 수가 큰 수가 답도 더 크단다.

체크 포인트

① 답을 쓰기 전에 먼저 주어진 수의 다음의 수를 큰 소리 말해 보도록 합니다.

② 아이가 다음의 수가 무엇인지 잘 이해하고 있으면, '1 다음의 수'와 '1+1', '2 다음의 수'와 '2+1'과 같이 다음의 수와 더하기 1을 연계시킨 문제를 반복 연습시켜 주세요.

③ 과자 1개가 있는데 1개를 더 받았거나, 3명이 놀고 있는데 1명이 더 놀러 온 것과 같이 일상생활 속에서 더하기 상황을 의도적으로 언급해 주며 더하기 개념과 기호를 확실히 인지시켜 주세요.

정답 및 지도서 A5

4주 · 더하기 1 : (1~19)+1

지도 방법

1. 앞에서 배운 (1~9)+1을 확실히 이해했는지 구두 테스트를 통해 확인해 주세요.
2. 1~20의 수 세기 연습을 충분히 시켜 주시고, 다양한 문제를 통해 (10~19)+1을 중점적으로 학습시켜 주세요.
3. 더하는 수만큼 물건을 가지고 와서 세어 보기, 동그라미를 그려서 세어 보기, 다음의 수를 이용하여 풀어 보기 등과 같이 이전에 학습한 (1~9)+1보다 수의 범위만 커졌을 뿐 똑같은 방법으로 문제를 풀면 된다는 사실을 아이에게 설명해 주세요.
4. 아이가 어려워하는 경우는 지난 시간에 배운 (1~9)+1을 충분히 반복 학습시켜 주시고, 아이가 이해하기 쉬운 방법으로 개념을 차근차근 설명해 주세요.

37차시

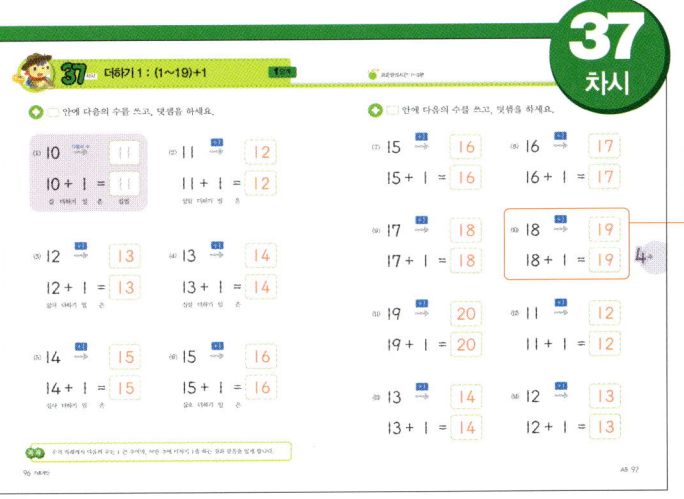

96 ~ 97쪽

- 1~20의 수를 세어 볼래?
- 18의 다음의 수가 몇이지?
- 18에 1을 더하면 몇이 될까?
- 어떤 수의 다음의 수는 더하기 1과 같단다.

38차시

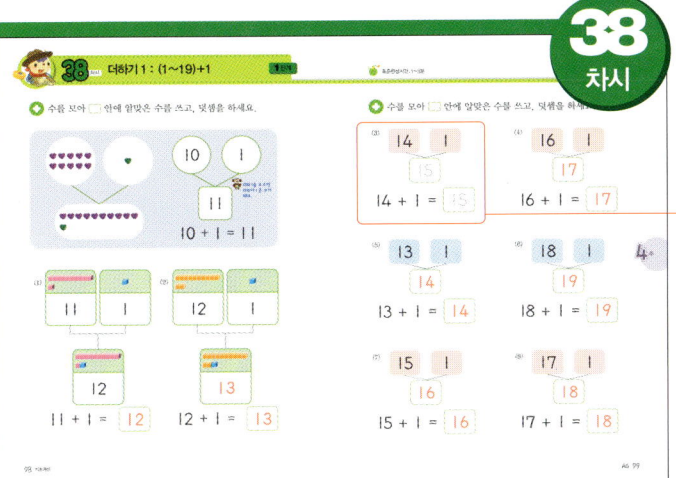

98 ~ 99쪽

- 검은색 바둑돌 14개를 놓아 볼래?
- 엄마가 흰색 바둑돌 1개를 더 놓았어.
- 검은색 바둑돌과 흰색 바둑돌을 합하면 바둑돌이 모두 몇 개가 되니?
- 14개와 1개를 모으는 것은 14+1과 같단다.

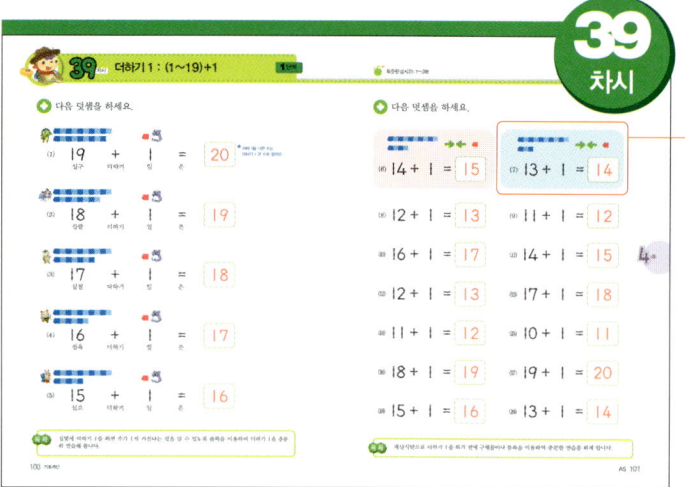

- 왼쪽에 블록이 몇 개 있는지 세어 볼래?

- 오른쪽의 더하는 블록은 몇 개니?

- 블록이 모두 몇 개인지 세어 볼까? 13+1은 13의 다음의 수 14와 같구나.

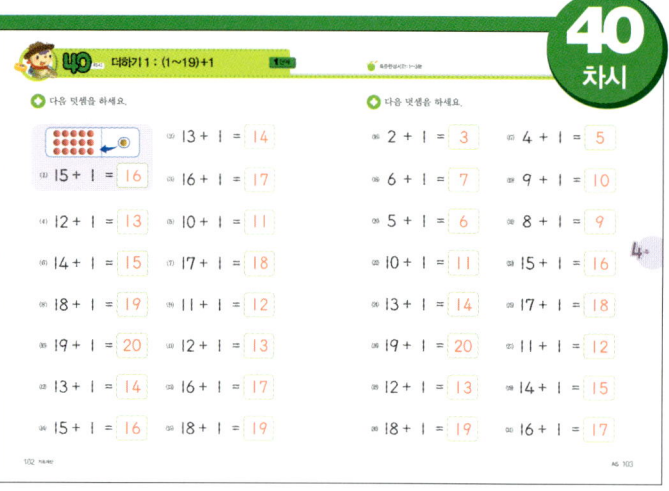

- 더하기 1은 다음 수와 같으니까 어떤 수의 다음의 수나 1 큰 수를 생각해서 풀어도 되고, 어려운 것은 ○를 그려서 풀어도 된단다.

- ○○가 쉬운 방법으로 풀어 보렴.

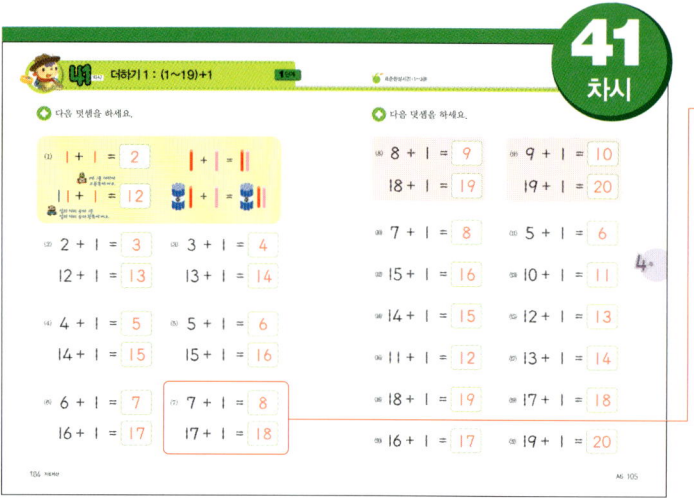

- 7+1은 몇이니? 17+1은 몇이니? 7과 17처럼 낱개의 (일의 자리) 수가 같으면 답의 낱개의 수도 같단다. 7 다음의 수는 8이고, 17 다음의 수는 18이지?

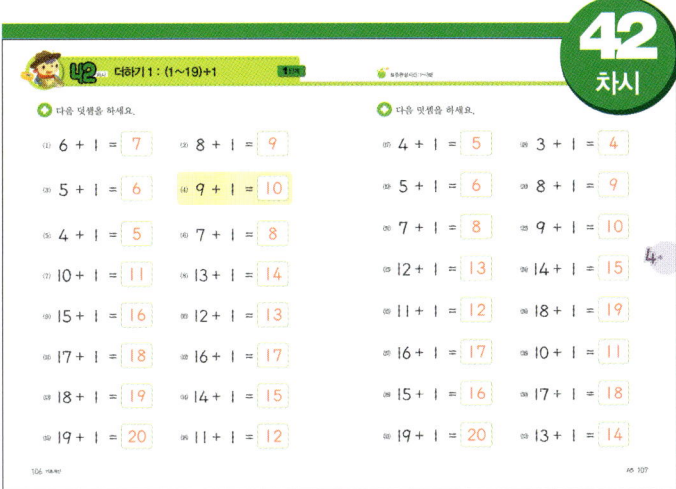

106~107쪽

- 더하기 1 문제를 여러 번 풀어 보았지?

- 더하기 1은 다음의 수나 1 큰 수와 같다는 것을 기억하면서 차근차근 풀어 보렴.

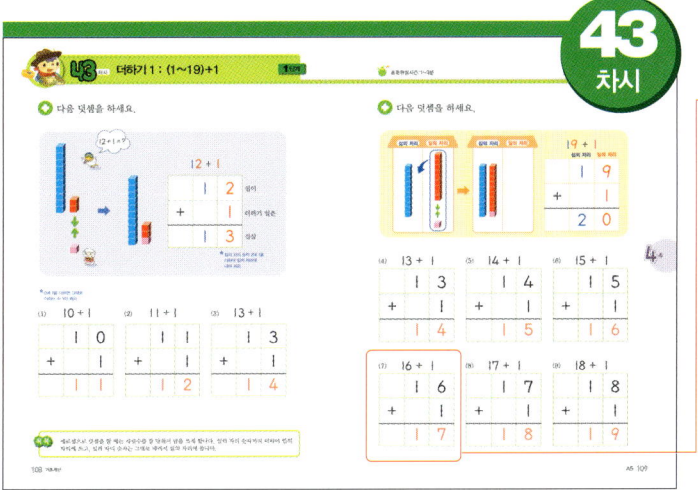

108~109쪽

- 16+1의 세로셈을 풀어 볼까? 16 다음의 수를 생각해서 풀어도 돼.

- 일의 자리 숫자끼리 먼저 더하여 일의 자리에 내려 쓰고, 십의 자리 숫자 1은 그대로 십의 자리에 쓰면 된단다.

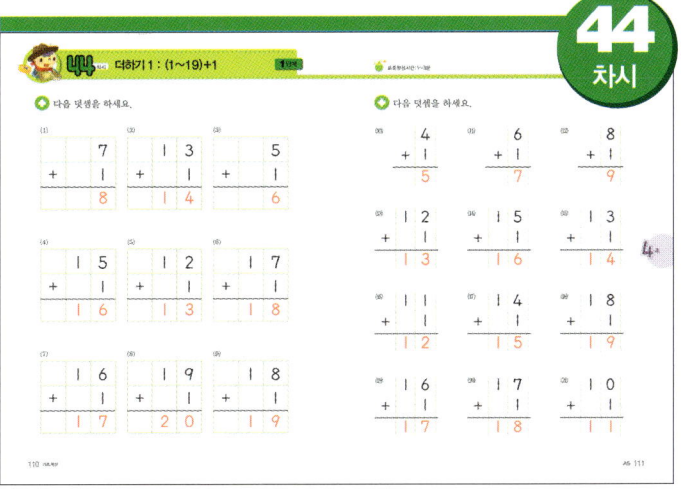

110~111쪽

- 어려운 문제는 ○를 그려서 풀어 보거나 좋아하는 물건을 더하는 수만큼 가져다 놓고 모두 몇 개인지 세어 보아도 된단다.

- 더하기 1과 다음의 수는 같은 것이니까 다음의 수로 풀어도 된단다.

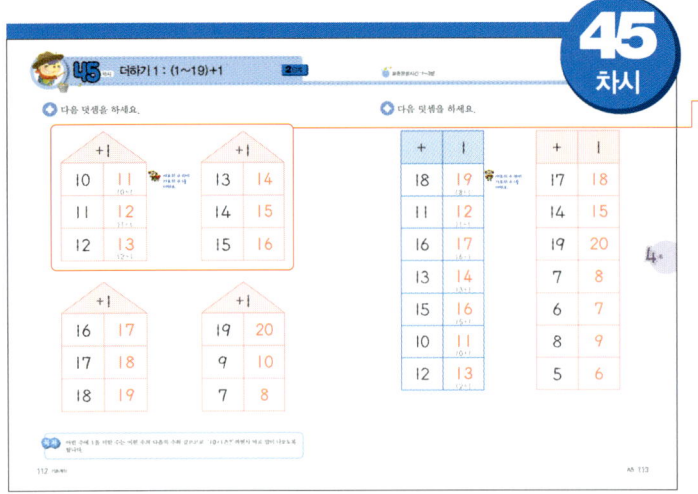

112 ~ 113쪽

- 10 다음의 수는? 11 다음의 수는? 12 다음의 수는?

- 13 다음의 수는? 14 다음의 수는?

- 더하기 1은 다음의 수와 같다는 것을 알고 있지? 이번에는 더하기 1로 풀어 보자. 10+1은? 12+1은?

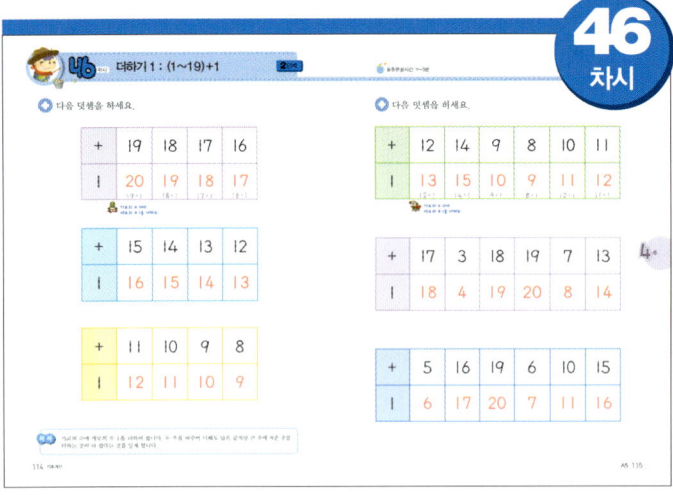

114 ~ 115쪽

- 엄마가 내는 더하기 1 문제를 풀어 볼래? 듣고 푸는 문제이니 집중해서 듣고 잘 생각해서 답을 말해 보렴.

- 더하기 1 연습을 많이 해 보았기 때문에 이전보다는 훨씬 빨리 문제를 풀 수 있을 거야.(아이의 계산 속도에 맞춰 숫자를 천천히 불러 주세요.)

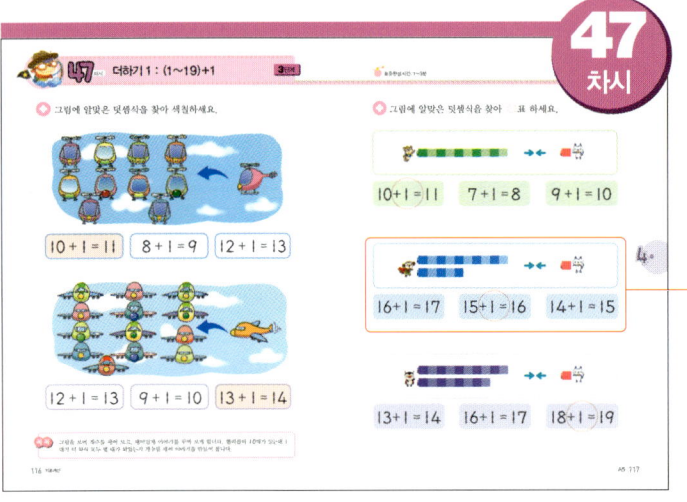

116 ~ 117쪽

- 블록 그림을 보고 덧셈식을 세울 수 있겠니?

- 왼쪽 블록의 수는 몇 개니? 오른쪽 블록의 수는?

- 알맞은 덧셈식을 세워 볼까?

- 15+1이니까 15 다음의 수는 몇이니? 이제 답을 구할 수 있겠구나.

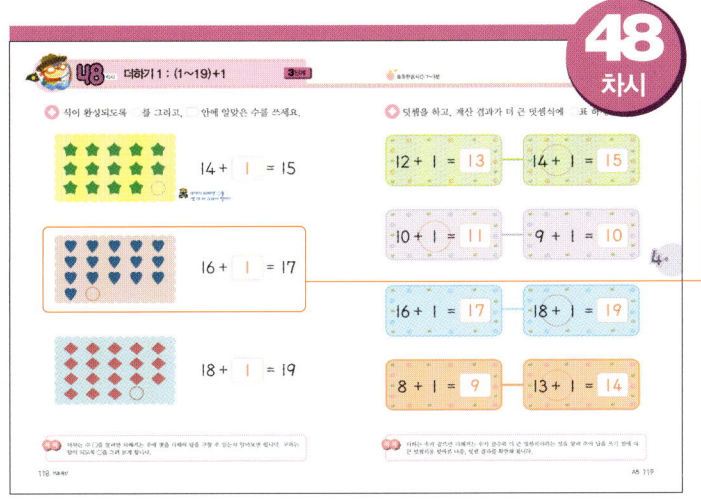

118 ~ 119쪽

→ • 16+□=17이라는 덧셈식이 있네.

• 16에 얼마를 더하면 17이 되는지 알아보는 문제란다. 17개가 될 때까지 ○을 그려 보며 알아보자.

• 17은 16보다 몇 큰 수지? 17은 16 다음의 수니까 몇 큰 수일까?

체크 포인트

① 문제를 풀기 전에 "9 다음의 수는? 13 다음의 수는? 16 다음의 수는?" 하고 구두 테스트를 시켜 주면, 수의 연관성을 이해하는 데 도움이 됩니다.

② 더해지는 수의 범위가 커지면서 동그라미를 그리거나 개수를 세어서 더하는 방법에는 한계가 있으므로 머릿속으로 암산을 하여 풀 수 있도록 꾸준히 연습합니다.

③ 아이가 어려워하는 덧셈식은 연습장에 따로 적어 여러 번 반복 학습하고 수시로 구두 테스트를 실시합니다. 모르는 문제는 반드시 꾸준한 훈련을 통해 정확히 알고 넘어가도록 지도해 주세요.

정답 및 지도서 A5

종합 평가 A5

120~122쪽

- 수 세기를 할 때는 10개씩 묶음의 개수를 먼저 세어 보고, 그 다음에 낱개의 개수를 세어야 해.
- 묶음의 수는 십의 자리에 쓰고, 낱개의 수는 일의 자리에 쓰면 돼.
- 지금까지 열심히 공부한 더하기 1 문제들이지? 덧셈식으로 생각해서 답을 써 보렴.
- 쉬운 문제라고 너무 급하게 풀지 말고 침착하게 풀어 보렴.

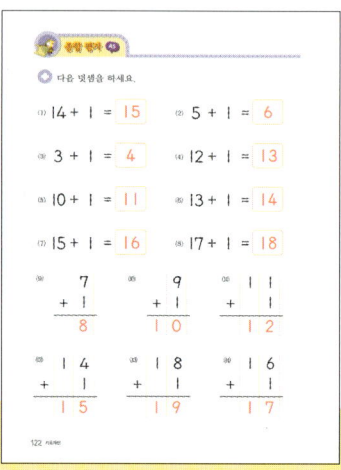

144 기초계산